REVISE AQA GCSE (9–1)
French
REVISION WORKBOOK

Series Consultant: Harry Smith

Author: Stuart Glover

- -

Also available to support your revision:

Revise GCSE Study Skills Guide   9781447967071

The **Revise GCSE Study Skills Guide** is full of tried-and-trusted hints and tips for how to learn more effectively. It gives you techniques to help you achieve your best – throughout your GCSE studies and beyond!

Revise GCSE Revision Planner   9781447967828

The **Revise GCSE Revision Planner** helps you to plan and organise your time, step-by-step, throughout your GCSE revision. Use this book and wall chart to mastermind your revision.

Difficulty scale

The scale next to each exam-style question tells you how difficult it is.

Some questions cover a range of difficulties. The more of the scale that is shaded, the harder the question is.

Some questions are Foundation level.

Some questions are Higher level.

Some questions are applicable to both levels.

For the full range of Pearson revision titles across KS2, KS3, GCSE, Functional Skills, AS/A Level and BTEC visit:
www.pearsonschools.co.uk/revise

Contents

AUDIO
Audio files and transcripts for the listening exercises in this book can be accessed by using the QR codes throughout the book, or going to **www.pearsonschools.co.uk/mflrevisionaudio**

Listen to the recording

A small bit of small print
AQA publishes Sample Assessment Material and the Specification on its website. This is the official content and this book should be used in conjunction with it. The questions in this Workbook have been written to help you practise every topic in the book. Remember: the real exam questions may not look like this.

1-to-1 page match with the French Revision Guide ISBN 9781292131429

Physical descriptions

Comment est votre famille?

1   Lisez ces descriptions des membres de la famille et des copains.

A	quite tall; long black hair
B	tall; moustache
C	small; brown spectacles
D	quite tall; brown eyes
E	tall; short brown hair
F	long brown hair; small nose

C'est quelle personne? Écrivez la bonne lettre dans la case.

Exemple: Mon cousin est grand et porte la moustache.   B

(a)   Son amie a de longs cheveux marron et un petit nez.   ☐

(b)   Notre oncle Pierrot est assez grand. Il a de longs cheveux noirs.   ☐

(c)   Ma mère est assez grande et a les yeux marron.   ☐

(d)   Sa sœur est petite. Elle porte des lunettes marron.   ☐   **(4 marks)**

My family's appearance

2   Pierre is describing his family. Which features are mentioned? Write the **five** correct letters in the boxes.

A	Body piercing
B	Hair
C	Beard
D	Nose
E	Glasses
F	Feet
G	Eyes
H	Hands

A B ☐ ☐ ☐

> **Guided**

Listen to the recording

> Look at the words in A–H and think of the French words you are likely to hear. You will be better prepared when you listen!

(5 marks)

1

Character descriptions

Conversation: Parler de ses amis

1   You could be asked questions on many aspects of yourself, your family and friends. Prepare answers to these questions in the spaces below and then speak for about 30 seconds on each one.

> For all the questions, try to add details and reasons, and look for more complex vocabulary if you can. For example, rather than saying *je suis bavard(e)*, why not add complexity by saying *on dit que je suis bavard(e)*?

> Remember to make sure that any adjective you use agrees with the gender of the person whose character you are describing.

(a)   Tu es quelle sorte de personne?

(b)   Décris la personnalité d'un copain / une copine.

(c)   Pourquoi est-ce que tu t'entends bien avec tes amis?

Claire's family

〉Guided〉

2   Read what Claire says about her family members.

> Mon petit frère s'appelle David. En général, il est sympa, mais s'il est fatigué, il n'est pas très facile. Ma sœur Danielle est toujours optimiste et elle s'entend bien avec toute la famille, sauf notre grand frère, qui s'appelle Marc. Ma mère est un peu plus sévère que mon père, surtout quand nous sommes à table. Mais de temps en temps, mon père peut être très drôle!

Which of the following are correct? Write the correct letter in each box.

A	Claire's brother is called David.	
B	David is usually pleasant.	
C	David is always pleasant.	
D	Danielle is optimistic.	
E	Danielle does not have any brothers.	
F	Danielle gets on well with most of the family.	
G	The dad is stricter than the mum at meal times.	
H	The family never sits around the meal table together.	
I	The dad is occasionally funny.	

(5 marks)

Describing family

Brothers and sisters

1 Ludovic is talking about his family. What does he like or dislike about each of them? Write the correct letter in each box.

A	Doesn't talk to me
B	Is fun to play with
C	Buys me treats
D	Talks too much
E	Is boring
F	Sometimes won't play with me
G	Is sometimes mean
H	Is always kind

Laura ☐ A

Nana ☐

Mimi ☐

Mickaël ☐

Céline ☐

Listen out for the key verbs (play, buy, talk).

Think about how you are going to distinguish between two sentences with the same verb. Usually this will be with negatives (*ne … pas*) and/or adverbs (*quelquefois*, *souvent*, etc).

(5 marks)

Ma famille

2 Translate the following sentences **into French**.

(a) I like my family.

Use *mon* (with masculine noun), *ma* (with feminine noun) for 'my'.

....

(b) My brother is annoying.

....

(c) My sister is quite tall.

Remember that the words for 'sister' and 'mother' are feminine.

....

(d) I get on with my mother because she is kind.

....

....

(e) My father gets on my nerves sometimes.

Remember that *m'énerve* means 'gets on my nerves'.

....

....

(10 marks)

3

Friends

Guided

Talking about my friends

1 Read these comments relating to friendship.

> **Quelles sont les qualités de vos ami(e)s?**
>
> Mon amie Maryse ne refuse jamais d'aider ses amis.
>
> Suzanne est toujours prête à donner de l'argent aux personnes pauvres.
>
> · Mon meilleur ami Robert aime bien écouter les avis de tout le monde.
>
> · Lola essaie d'identifier une qualité si on lui demande son avis sur un collègue.
>
> · Carla n'est jamais de mauvaise humeur, même si elle est fatiguée.

What is said about each person? Write the correct letters in the boxes.

A	Concentrates on people's strengths
B	Is never moody
C	Always says 'yes' if a friend needs help
D	Is willing to give financial assistance
E	Is not tiresome
F	Values others' opinions
G	Is optimistic

Maryse `C`

Suzanne `D` ✓

Robert `F` ✓

Lola `A` ✓

Carla `B` ✓

(5 marks)

Picture-based task: My friends

2 Look at the photo and answer the questions below **in French**.

(a) Qu'est-ce qu'il y a sur la photo?

> You need to be able to prepare a few sentences about the photo you see. Here you could describe some of the people, and suggest who they might be and where the picture might have been taken.

(b) Qu'est-ce c'est, un bon ami?

> Make sure you know what is being asked. You could ask for a question to be repeated in French.

(c) Comment est ton meilleur ami / ta meilleure amie?

(d) [!] Qu'est-ce que tu as fait récemment avec tes copains?

> Remember, you will be asked two questions you have not prepared. The last two questions are examples of 'unpredictable' questions, marked here with a bold exclamation mark.

> This is a good opportunity to use the past tense using not only the *je* but also the *nous* form.

(e) [!] Qu'est-ce que tu vas faire avec tes copains le week-end prochain?

Role models

Mon oncle

1 Lisez cet e-mail de Marcel au sujet de son oncle.

> ✉
>
> Mon oncle m'a toujours inspiré parce qu'il a réussi dans la vie sans avoir beaucoup d'argent. Il a commencé sa propre entreprise à l'âge de seize ans et maintenant, il a une grande maison de luxe avec une piscine en plein air dans le sud de la France. Il vient de prendre sa retraite, après avoir gagné plein d'argent.
>
> Cependant, je ne pense pas que l'argent soit la chose la plus importante au monde. Au contraire, je respecte mon grand-père qui a élevé cinq enfants, y compris mon père, après la mort de sa femme. Il est vraiment têtu mais aussi travailleur et responsable.

Trouvez les **quatre** bonnes phrases. Écrivez les bonnes lettres dans les cases.

A	L'oncle de Marcel a toujours été très riche.
B	Son oncle a fondé une entreprise quand il était jeune.
C	Il ne travaille plus.
D	Il a perdu plein d'argent.
E	Marcel pense que l'argent est la chose la plus importante dans la vie.
F	Son grand-père a lutté contre des difficultés.
G	La grand-mère de Marcel est morte.
H	Marcel ne respecte pas ceux qui sont têtus.

☐ ☐ ☐ ☐

> Don't forget to look out for negatives in both the passage and the statements. Don't just assume that because a word is in both, it is the correct answer!

(4 marks)

Les gens qui m'inspirent

2 Écoutez Lucie qui parle des gens qui l'inspirent.

Complétez les phrases. Écrivez la bonne lettre dans chaque case.

> If you hear an unfamiliar word, listen very carefully for accompanying words that you do recognise and which may help you to guess the one you don't know.

Listen to the recording

(a) Lucie admire …

A	la musique de Carla Bruni.
B	le look de Carla Bruni.
C	l'argent de Carla Bruni.

☐

(b) Le père de Lucie …

A	a trouvé Carla impolie.
B	n'a jamais rencontré Carla Bruni.
C	pense que Carla est modeste.

☐

(c) Lucie est impressionnée par …

A	le travail bénévole de Carla.
B	le mariage de Carla.
C	la famille de Carla.

☐

(d) Carla est …

A	née en France.
B	mère de famille.
C	mécontente.

☐

(4 marks)

5

Relationships

Une photo de famille

1 Vous envoyez une photo par message à votre ami(e) en France.

Qu'est-ce qu'il y a sur la photo?
Écrivez **quatre** phrases **en français**.

1 ....

2 ....

3 ....

4 ....

> You need to use a verb in each sentence but you can use the same verb more than once.

(8 marks)

Translation

2 Translate this passage **into English**.

> Je m'entends bien avec mon petit frère. Il est compréhensif et amusant, mais je me dispute souvent avec ma sœur. Hier elle a pris ma jupe sans me demander la permission. Elle n'aide jamais à la maison et elle m'énerve tout le temps. Elle m'a dit qu'elle va être moins paresseuse.

> Remember that *je m'entends* and *je me dispute* are reflexive verbs so you won't need to translate *m'* or *me* here, but you will need to translate them later in the passage!
>
> *Sans* is followed by an infinitive in French but you don't use one in English.

....

....

....

....

....

....

....

....

....   **(9 marks)**

When I was younger

Guided

Listen to the recording

Activities in the past

1 This French teenager is talking about what she did when she was younger. Which of the following activities did she do?

Listen to the recording and write the correct letters in the boxes.

A	swimming
B	judo
C	wind surfing
D	dance
E	skiing
F	computing
G	cinema
H	horse riding

(5 marks)

Conversation: When I was younger

2 As part of a conversation topic, you might talk about what things used to be like when you were younger. Prepare answers to these questions and then speak for about 30 seconds on each one.

> Use the imperfect tense where it is needed to talk about what you used to do.

> The pictures are there as suggestions, but you can talk about other things if you prefer!

(a) Où habitais-tu quand tu étais plus jeune?

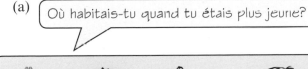

(b) Quels étaient tes passe-temps quand tu étais plus jeune?

(c) Où allais-tu en vacances quand tu étais plus jeune?

Peer group

Peer pressure

1   Listen to Mamadou talking about peer pressure.

Listen to the recording and answer the following questions **in English**.

Listen to the recording

(a)   What do members of Mamadou's gang have in common? Give **two** details.

....

.... **(2 marks)**

(b)   What happened a few months ago? Give **two** details.

....

.... **(2 marks)**

(c)   What happened the next day? Give **two** details.

....

.... **(2 marks)**

(d)   How does Mamadou feel?

.... **(1 mark)**

(e)   Why did he do what he did?

.... **(1 mark)**

2   Translate this passage **into French**.

> Lots of my friends have tattoos and piercings, but I don't like them because I think that they are ugly. Last week I went into town with my sister and we saw a boy from my school who had a piercing in his nose. My sister has now decided to have a piercing because all her friends have them but in my opinion she is mad.

'I don't like them' – Remember that pronouns come before the verb in French.

'ugly' – This refers to tattoos and piercings, so it must be plural.

'has now decided to have' – Remember that it is *décider de* + infinitive.

'mad' – Remember that adjectives need to agree with the noun they refer to. In this case, 'she'.

....

....

....

....

....

....

....

....

.... **(12 marks)**

Money

Picture-based task: All about money

1 Look at the photo and answer the questions below **in French**.

(a) Qu'est-ce qu'il y a sur la photo?

(b) Est-ce que l'argent est important dans la vie? Pourquoi (pas)?

> This is a tricky question so keep your answer simple unless you are very confident.

(c) Comment as-tu gagné de l'argent?

(d) [!] Tu aimes faire des économies? Pourquoi (pas)?

> Always give a reason for any opinion if you can.

(e) [!] Comment vas-tu dépenser ton argent la semaine prochaine?

Spending money

2 Listen to these three French teenagers talking about what they are going to buy.

Complete the sentences. Use the correct word or phrase from the box.

Listen to the recording

spend all the pocket money	laptop	buy a cheap one
birthday present	mobile phone	more up to date
cheaper	scarf	desktop computer
blouse	tablet	birthday card

(a) Marthe is going to buy a .... and a

.... **(2 marks)**

(b) Claude would like to buy a ....

but does not want to .... **(2 marks)**

(c) Janine is looking for a .... which is

.... **(2 marks)**

Customs

Different customs

1   Read this email from Kamodou and answer the following questions **in English**.

> ✉
>
> Après être arrivé en France il y a deux mois, j'ai remarqué beaucoup de différences èntre la vie au Cameroun et la vie en France. Je pense qu'on est plus formel en France. Par exemple, quand on rencontre quelqu'un, on se serre la main, mais il ne faut pas être trop agressif car c'est considéré comme un geste grossier. J'ai été accepté par tous les Français parce que la France a toujours été initiatrice de la tolérance raciale et culturelle. En fin de compte, je dirais que tout se passe bien ici!

(a) Where does Kamodou come from?

....   **(1 mark)**

(b) Why does he think cultural life in France is more formal?

....   **(1 mark)**

(c) What is considered to be coarse?

....   **(1 mark)**

(d) What does he say about racial tolerance in France?

....   **(1 mark)**

La vie en France

2   Écoutez Marianne qui parle de la vie en France.

Écrivez les **quatre** bonnes lettres dans les cases.

A	Marianne est française.
B	Elle pense que la vie en Belgique est différente de celle en France.
C	Les Français font attention à ce qu'ils mangent.
D	Les Français mangent trop.
E	En France on ne va pas souvent au cinéma.
F	La France est réputée pour son cinéma.
G	On arrive toujours à l'heure pour une réunion de famille.
H	Il est normal d'arriver à une fête après l'heure convenue.

☐ ☐ ☐ ☐

(4 marks)

Listen to the recording

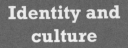

Everyday life

Role-play: At the sports centre

1   You are talking to a member of staff at a French sports centre. The teacher will play the role of the employee and will speak first. You must address the employee as *vous*.

You will talk to the teacher using the five prompts below.

- Where you see **?** you must ask a question.
- Where you see **!** you must respond to something you have not prepared.

Vous êtes au centre de loisirs. Vous parlez à un(e) employé(e).

> Remember that when you see **!** you will have to respond to something that you have not prepared, and when you see **?**, you have to ask a question.

> Vous êtes de quelle nationalité?

> Prepare your answer then practise saying your answers out loud.

1.   Nationalité.

> Ah oui, et quel sport préférez-vous et pourquoi?

> Ah, c'est gentil. Qu'est-ce que vous avez fait ce matin?

2.   **!**

4.   Activités ce matin.

> Pourquoi aimez vous venir ici?

> Excellent.

3.   Choix de ce centre – deux raisons.

5.   **?** Heures d'ouverture.

> De sept heures jusqu'à vingt-deux heures.

La vie quotidienne

2   Écoutez Flora qui parle de sa vie quotidienne.

Complétez les phrases en choisissant un mot ou des mots de la case. Il y a des mots que vous n'utiliserez pas.

> | travail scolaire | aime | un jour | prend |
> | dort | vite | le matin | pas |
> | les sports | beaucoup | fait ses devoirs | les activités |

Listen to the recording

(a) Flora ne .... pas tard.   **(1 mark)**

(b) Flora ne mange .... le matin.   **(1 mark)**

(c) Le soir, elle ....   **(1 mark)**

(d) Elle n'aime pas .... d'équipe.   **(1 mark)**

Meals at home

A birthday celebration

1 Read Sylvestre's account of his mother's birthday.

> Je ne vais jamais oublier le repas extraordinaire que nous avons fait chez nous il y a un mois. C'était pour fêter les soixante-quinze ans de ma mère. Nous lui avions demandé si elle voulait bien inviter ses amis, mais elle a dit qu'elle pourrait trouver ça assez stressant et que son rhume n'était pas complètement parti.
>
> Mon père a tout préparé car il a voulu montrer à toute la famille qu'il était doué pour faire la cuisine et il pensait que Maman méritait de se détendre le jour de son anniversaire. J'ai été très surpris par la qualité supérieure de ce que nous avons mangé, alors que ma sœur n'a rien aimé.
>
> Quand elle a compris que Papa avait préparé ce repas merveilleux, Maman a été très reconnaissante et a trouvé ça incroyable.
>
> Hier, elle m'a dit qu'elle espère qu'il va recommencer avec le repas de Noël!

Answer the following questions **in English**.

You do not need to answer in full sentences.

(a) How long ago was this special meal?

.... **(1 mark)**

(b) Why didn't the mother want to invite lots of other guests?

.... **(1 mark)**

(c) What did the father seek to do by cooking the birthday meal?

.... **(1 mark)**

(d) What did Sylvestre's sister think of the meal? .... **(1 mark)**

(e) What was the mother's initial reaction when she realised who had cooked the meal?

.... **(2 marks)**

Eating with the family

2 Vous postez cette photo sur des médias sociaux pour vos amis.

Qu'est-ce qu'il y a sur la photo? Écrivez **quatre** phrases **en français**.

1 ....

2 ....

3 ....

4 .... **(8 marks)**

Food and drink

La cuisine régionale

1   Lisez cet e-mail de Martin au sujet de la cuisine régionale.

> ✉
>
> Je viens de passer quinze jours en Normandie et la cuisine était superbe. J'ai surtout aimé les produits laitiers qui sont d'une qualité exceptionnelle. Le camembert est sans conteste le fromage français le plus connu au monde. La région est connue aussi pour l'agneau, le bœuf et les fruits de mer dont les moules qui sont les fruits de mer préférés des gens du coin. Les pommes jouent un rôle important dans la cuisine normande, tant dans les desserts que dans la fabrication du cidre.
>
> La semaine dernière, j'ai goûté du porc aux cerises avec des poireaux. C'était délicieux. Mmm!

Complétez les phrases. Mettez la bonne lettre dans la case.

(a) Martin a préféré …

| **A** la viande. |
| **B** les produits laitiers. |
| **C** le poisson. |

☐

(b) Les habitants aiment beaucoup …

| **A** l'agneau. |
| **B** le bœuf. |
| **C** les moules. |

☐

(c) On consomme … comme boisson et comme nourriture.

| **A** les fruits de mer |
| **B** les cerises |
| **C** les pommes |

☐

(d) Martin a récemment …

| **A** mangé un repas délicieux. |
| **B** goûté du cidre. |
| **C** consommé des moules. |

☐

(4 marks)

À manger et à boire

2   Traduisez les phrases suivantes **en français**.

(a) I like eating fish.

> You will have to translate 'eating' as an infinitive in French.

....   **(2 marks)**

(b) I don't like coffee.

....   **(2 marks)**

(c) I have cereal for breakfast.

> Remember – the word for 'cereal' becomes plural in French.

....   **(2 marks)**

(d) We usually have dinner at 6.00 pm.

....   **(3 marks)**

(e) This evening I am going to eat at a smart restaurant with my family.

> The adjective for 'smart' comes after the word it describes.

....   **(3 marks)**

13

Shopping

Magali's shopping trip

1 Read about Magali's experience of shopping.

> En général, je fais les magasins le week-end avec mon ami Robert. Samedi dernier, nous y sommes arrivés un peu après huit heures et demie car je voulais être en ville avant l'ouverture des magasins. Robert a passé beaucoup de temps à trouver une veste, mais finalement il en a acheté une dans le troisième magasin où nous sommes allés. Après avoir déjeuné, nous avons fait d'autres magasins parce que je voulais vraiment acheter un roman pour l'anniversaire de ma mère. Deux heures plus tard, nous étions trop fatigués pour continuer nos achats. Alors, nous avons pris un petit café. Après ça, il ne me restait que trente minutes pour trouver un deuxième cadeau pour ma mère. Malheureusement, c'était trop tard car le dernier bus de la journée n'allait pas nous attendre! Je n'ai pas envie de retourner en ville demain, mais je n'ai pas le choix.

Guided

What does Magali say about shopping? Write the correct letter in each box.

A	Magali goes shopping at the weekend.
B	Last Saturday, Magali arrived in town just before eight o'clock.
C	Magali wanted to be in town before the shops opened.
D	Robert managed to find a new jacket.
E	They visited just three shops that day.
F	Magali wanted to buy a book for her mother's birthday.
G	By two o'clock, the friends were both very tired.
H	They relaxed for thirty minutes in the café.
I	They had to wait thirty minutes at the bus stop.
J	Magali will need to return to town the following day.

☐ A
☐
☐
☐
☐

(5 marks)

Shopping plans

2 Listen to these young French people saying what they are going to buy.

Complete the sentences. Use the correct word or phrase from the box.

Listen to the recording

> some earrings   some flowers   some gloves
>   a bracelet   a bag   a book

(a) Camille is going to buy ....

(b) Assiom would like to buy ....

(c) Carine is going to buy ....

(3 marks)

Shopping for food

Buying food

Listen to the recording

1 Listen to these people buying food.

Complete the sentences. Use the correct word from the box.

> mushrooms   cauliflower   cabbage
>
> eggs   ham   jam

(a) The customer would like some ....

(b) The shopkeeper has no ....

(c) The customer wants to buy ....

(3 marks)

Food shopping

2 Vous envoyez une photo par message à votre ami(e) français(e).

Qu'est-ce qu'il y a sur la photo ? Écrivez **quatre** phrases **en français**.

1 ....

2 ....

3 ....

4 ....

(8 marks)

Social media

Céline's online life

1 Your brother has seen this post on Facebook and asks you to translate it for him **into English**.

> Je passe beaucoup de temps sur les réseaux sociaux. Je crois que je ne pourrais pas vivre sans mon portable. Je sais qu'il existe plein de dangers, mais c'est un moyen efficace de se renseigner sur les événements mondiaux. Je peux suivre les activités de mes copains et, récemment, une copine a posté une photo de son chien en ligne et tous ses amis l'ont trouvée amusante.

passe – Be careful – this doesn't mean that she is passing something, so find an alternative which makes sense.

pourrais – Be careful with the tense.

il existe – This is just a different way of saying *il y a* in French.

a posté – Remember that this is a past tense.

....
....
....
....
....
....
....   **(9 marks)**

Role-play: Opinions about social media

2 Tu parles avec ton ami(e) belge au sujet des médias sociaux.

Remember to use *tu* with a friend.

> Je viens de poster une photo sur Facebook.

Prepare your answers then practise saying your answers aloud.

1.   Opinion sur Facebook avec raison?

> Comment utilises-tu Internet pour ton travail scolaire?

> Qu'est-ce que tu as fait en ligne hier soir?

2.   !

4.   Activités hier soir en ligne.

> Moi aussi. Tu passes beaucoup de temps en ligne?

> C'est intéressant.

3.   Temps passé en ligne.

5.   **?** Opinion sur les réseaux sociaux.

> Je pense qu'ils sont excellents.

Technology

Using the internet

1　Read these views on internet use.

> - On peut acheter ses billets de train sur Internet.
> - Pour mes devoirs, Internet est très pratique.
> - Sur Internet, les livres coûtent moins cher.
> - Les parents doivent limiter le temps que leurs enfants passent sur Internet.
> - Je n'imprime pas beaucoup de documents.
> - À mon avis, mon frère passe trop de temps sur Internet.
> - Les sondages sur Internet sont très populaires.
> - Malheureusement, il n'y a pas Internet dans notre village.
> - Je trouve que mon clavier est trop petit.

Write the correct letter of the **five** ideas mentioned above in each box.

A	Spending too much money on internet purchases
B	Size of keyboard
C	Buying bus tickets online
D	Internet not available locally
E	Cost of printing documents
F	Opinion polls
G	Saving money on the cost of books
H	Parents spending too much time online
I	Using the internet to complete homework

☐ ☐ ☐ ☐ ☐

> Don't just rely on spotting a word that seems to be related to the answer. Make sure you are really sure it is right before answering.

(5 marks)

Conversation: Using technology

2　As part of a conversation topic, you might talk about your usage of the internet.
　Prepare answers to these questions and then speak for about 30 seconds on each one.

　(a)　Tu aimes faire des achats en ligne? Pourquoi (pas)?

> Remember to add a reason.

　(b)　Tu as souvent téléchargé de la musique?

> Refer to a specific example to show that you can use past tenses correctly.

　(c)　Comment vas-tu utiliser la technologie la semaine prochaine?

> This gives you the chance to show that you can use future time frames.

Internet advantages and disadvantages

Avantages et inconvénients

1 Lisez ce passage au sujet d'Internet, écrit par Ruvimbo.

> La plupart du temps, je pense qu'Internet est une bonne chose parce que ça nous permet de faire plein de choses qui ne nous semblaient qu'un rêve quand j'avais dix ans. Une fois que j'aurai terminé mes devoirs, je passerai plus d'une heure à chercher des cadeaux sur Internet, sachant que je pourrai trouver les choses que je veux offrir à ma famille à Noël. En plus, ça me coûterait peut-être plus cher de tout acheter dans les magasins. D'habitude, je me débrouille pour tout commander avant le quinze décembre, mais cette année, je n'ai pas l'argent nécessaire pour terminer mes achats car on ne me paie jamais avant le vingt du mois.
>
> Tout à l'heure, je vais même pouvoir bavarder avec mes cousins au Ghana, sans avoir besoin d'utiliser le téléphone. Mais je vais me dépêcher car je dois éteindre l'ordinateur avant dix heures.
>
> Mais imaginez le sentiment d'horreur d'une de mes collègues le mois dernier! Elle vérifiait que son salaire était bien sur son compte bancaire et a vu que quelqu'un lui avait volé tout l'argent. Au début, la banque n'a pas voulu écouter ma collègue, disant qu'elle aurait dû mieux protéger ses informations personnelles. La banque a mis trois semaines à rembourser l'argent volé et à vérifier qu'elle n'avait pas donné son mot de passe à une autre personne.

Complétez les phrases avec les phrases de la liste ci-dessous.

(a) Internet donne la possibilité …………………………………………………………

(b) Pour finir ses achats de Noël, Ruvimbo …………………………………………

(c) Ruvimbo utilise Internet …………………………………………………………

(d) L'ordinateur de Ruvimbo ne reste pas allumé ……………………………………

(e) La collègue de Ruvimbo …………………………………………………………

(f) La banque n'a pas eu très envie de ………………………………………………

> toute la soirée   aura besoin d'attendre   va vérifier son compte bancaire
>
> a eu une mauvaise surprise   de faire beaucoup de choses
>
> rembourser l'argent volé   croire sa cliente
>
> économisera de l'argent dans les magasins   pour parler avec d'autres personnes

(6 marks)

Le pour et le contre

2 Écoutez André qui parle des avantages et des inconvénients d'Internet.

Trouvez les **quatre** bonnes phrases. Écrivez les **quatre** bonnes lettres dans les cases.

Listen to the recording

A	Rester en contact avec des copains	E	Le vol d'identité
B	Le cyber harcèlement	F	Favoriser des habitudes malsaines
C	Faire des achats en ligne	G	L'addiction et la dépendance
D	Télécharger de la musique	H	La recherche de l'information

☐ ☐ ☐ ☐

(4 marks)

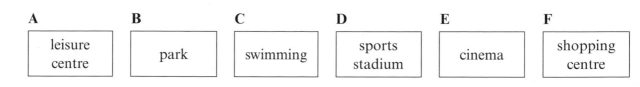

Arranging to go out

Where shall we go?

Guided

Listen to the recording

1 These young people are inviting their friends out. Where do they suggest?

A	B	C	D	E	F
leisure centre	park	swimming	sports stadium	cinema	shopping centre

Listen to the recording and write the correct letter in each of the boxes.

Example: Jacques	E
Anna	
Éric	
Bella	
Paul	

(4 marks)

Excuses, excuses!

2 Patrick is inviting friends to go out. Read their replies to his invitation.

- Je suis désolée mais je dois me laver les cheveux.
- Mes parents disent que je dois préparer le repas de ma sœur.
- Je suis malade aujourd'hui.
- Je n'ai pas le temps.
- Je n'aurai pas mon argent de poche avant demain.
- Il va y avoir du brouillard ce soir.
- Je serai trop fatiguée pour y aller.
- Maman dit que je dois me coucher à neuf heures.
- Ce soir, je vais être obligée de faire la cuisine pour mon frère.

Identify the excuses given. Write the correct letter in each box.

A	I've spent my pocket money.
B	I'm feeling unwell.
C	I'll be too tired.
D	I need to play with my sister.
E	I need to prepare my brother's meal.
F	The weather will be cold.
G	I don't get my pocket money until tomorrow.
H	I must go out with my parents.
I	I need to wash my hair.

(5 marks)

☐ ☐ ☐ ☐ ☐

Hobbies

Les passe-temps

1 Vous écrivez au sujet de vos passe-temps.

Décrivez :

- ce que vous aimez avoir comme passe-temps le week-end et pourquoi
- ce que vous avez fait le week-end dernier
- ce que vous allez faire le week-end prochain
- un nouveau passe-temps que vous voudriez essayer.

Écrivez environ **90** mots **en français**. Répondez à chaque aspect de la question.

> Make sure you cover all the bullet points.

Guided

Ma passion, c'est le foot, ...

....

....

....

....

....

.... **(16 marks)**

Picture-based task: Leisure activities

> To practise speaking activities like this, remember that you can prepare a list of possible answers to questions on certain topics which could be useful here from question (b) onwards. Try to be flexible and adapt what you know or have tried to learn when you are asked questions in response to a photo or as part of a more general conversation.

2 Look at the photo and answer the questions below **in French**.

(a) Qu'est-ce qu'il y a sur la photo?

(b) Tu aimes les jeux vidéo? Pourquoi?

(c) Qu'avais-tu comme passe-temps quand tu étais plus jeune?

(d) [!] Qu'est-ce que tu vas avoir comme passe-temps la semaine prochaine?

(e) [!] Qu'est-ce que les jeunes doivent faire pour être plus actifs?

> Try to add some development to your answers, for example by adding opinions and reasons.

Music

Un événement musical

1 Vous postez cette photo sur des médias sociaux.

Qu'est-ce qu'il y a sur la photo?

Écrivez **quatre** phrases **en français**.

1 ....

2 ....

3 ....

4 ....

> Don't try to describe everyone – there isn't enough space!

(8 marks)

Conversation: Musical activities

2 Réponds aux questions suivantes.

(a) Tu joues d'un instrument de musique?

(b) Quelle sorte de musique préfères-tu? Pourquoi?

> Don't just say *Oui/Non*. Add a detail or explain why.

(c) Décris un concert auquel tu as assisté.

> Don't worry if you have never been to a concert – just make one up.

Sport

A sports fan

1   Read this article about Stéphanie's sport routine.

> Je m'appelle Stéphanie et je m'intéresse à tous les sports. Je pense que le sport est bon pour la santé. Par contre mon père n'est pas d'accord parce qu'il s'est fait très mal à la main pendant qu'il jouait au rugby la semaine dernière. Pendant l'hiver, je joue au rugby au collège, mais ce n'est pas mon sport favori.
>
> Ça fait plus de cinq ans que je fais de la natation. J'essaie d'y aller deux ou trois fois par semaine, mais je n'y vais pas si ma mère ne veut pas m'emmener à la piscine en voiture. Je n'y vais jamais en bus parce que je n'aime pas attendre à l'arrêt d'autobus. La plupart de mes amis aiment bien faire de la natation.
>
> Si j'ai de bonnes notes aux examens en juin, je vais continuer mes études. Ma profession idéale, ce serait professeur d'EPS. Je serais alors obligée de faire trois ans d'études universitaires pour y arriver. Sinon, j'aimerais bien devenir monitrice de ski. Par contre, j'apprécierais moins l'idée de travailler dans un centre sportif où il y aurait trop d'adultes.

Identify the **four** correct endings to the sentences.

> Know how to spot **relevant** details, not necessarily those which first attract your attention.

(a) Stéphanie's father…

A	will be playing rugby next week.
B	recently injured his hand.
C	has not played rugby for months.

☐

(b) Swimming is a sport Stéphanie began …

A	two or three weeks ago.
B	over five years ago.
C	more than a month ago.

☐

(c) If her mum can't drive her to the pool, Stéphanie …

A	doesn't go swimming.
B	visits one of her friends.
C	takes the bus to the pool.

☐

(d) Stéphanie would really prefer to …

A	work in an office.
B	become a teacher.
C	train to be a skiing instructor.

☐

(4 marks)

C'est quel sport?

2   Écoutez ces jeunes qui parlent du sport.

Écrivez les **trois** bonnes lettres dans les cases.

Listen to the recording

(a) Sacha aime …

A	les sports d'équipe.
B	la natation.
C	jouer au volley.

☐

(b) Romelu aime mieux …

A	le rugby.
B	la boxe.
C	les sports nautiques.

☐

(c) Ariane déteste …

A	jouer au basket.
B	faire du cheval.
C	faire du vélo.

☐

(3 marks)

Marriage and partnership

What do you think of marriage?

1 Read what the following people have to say about marriage.

Anaïs:	Pour moi le mariage, c'est la promesse à voix haute et devant des témoins qu'on s'aimera pour longtemps et selon moi, il s'agit de la plus belle preuve d'amour.
Carole:	Moi, je crois que le mariage exprime surtout le besoin d'être rassuré et la peur de vieillir seul, alors ce n'est pas pour moi.
Georgette:	C'est prouvé: les unions libres sont deux fois plus instables que les mariages. Selon un sondage récent, il est cinq fois plus probable que les concubins soient infidèles, comparés aux hommes mariés.
Joëlle:	À mon avis, le mariage reste le cadre le plus sûr pour élever une famille et sécuriser financièrement le couple, donc je me marierai sans doute à l'avenir.

Whose opinions are these? Write A (Anaïs), C (Carole), G (Georgette) or J (Joëlle).

(a) Fidelity is more likely if you are married.   ☐

(b) I think that marriage is the best way of publicly displaying your love.   ☐

(c) Marriage is a safeguard against loneliness.   ☐

(d) I will definitely get married later in life.   ☐   **(4 marks)**

One day...

2 Translate the following passage **into French**.

> I think that marriage is very important and I would like to get married one day. I would like to find a kind man with a good sense of humour with whom I will spend the rest of my life. I hope to have children and I believe that marriage will give them a stable future.

Remember you will need to use *que* for 'that'.

For 'kind', remember that adjectives usually come after the word they describe.

In English, the meaning is 'give [to] them', so in French you need *leur*. Remember where object pronouns come in the sentence.

....

....

....

....

....

....

....

....

....

....

(12 marks)

Films

At the cinema

1   Read the following article.

> **Si vous aimez le cinéma, profitez de nos offres exceptionnelles pour le mois de janvier**
>
> Tout le monde peut profiter de ces réductions! Mais n'hésitez pas trop avant de réserver vos billets, car les places vont partir très vite.
>
> Dans la salle de cinéma, n'oubliez pas d'être assis à votre place avant le début de la séance et d'éteindre votre portable. Nous vous en remercions d'avance.
>
> Bien entendu, on invite les personnes de tout âge à venir voir les films, mais pensez surtout aux jeunes enfants qui se fatiguent facilement et qui perdent souvent leur concentration pendant les séances du soir.
>
> Rappelez-vous également que nos chers clients peuvent garer leur voiture gratuitement et en toute sécurité dans notre parking souterrain.

Answer the following questions **in English**.

(a) During January, who can take advantage of the reduced-price seats?

.... **(1 mark)**

(b) Why exactly is early booking advised? .... **(1 mark)**

(c) What must spectators not forget to do, once in the screening room?

   (i)   ....

   (ii) .... **(2 marks)**

(d) Give two reasons why bringing children to evening films may not be advisable.

   (i)   ....

   (ii) .... **(2 marks)**

(e) Name two advantages of using the cinema's own car park.

   (i)   ....   (ii) .... **(2 marks)**

An interesting film

2   You hear Romain talking about a film he has seen. Listen to the recording and complete the sentences by writing the correct letter in each box.

Listen to the recording

(a) Romain saw the film in …

| **A** Britain. |
| **B** Bruges. |
| **C** Quebec. |

☐

(b) The film was …

| **A** sub-titled. |
| **B** in black and white. |
| **C** in English. |

☐

(c) The main character was the …

| **A** hired killer. |
| **B** victim. |
| **C** town of Bruges. |

☐

(d) Romain liked the …

| **A** special effects. |
| **B** main character. |
| **C** violence. |

☐

(4 marks)

TV

What's on?

1 Aline and her husband Frédéric are discussing television programmes.

Complete the sentences. Use the correct word or phrase from the box.

> factual programmes   ~~films~~   news
>
> cartoons   game shows   soap operas

> Try to work out what you are going to hear when the French speaker mentions these types of programme.

Example: Aline likes watching films.

(a) Aline is bored by the .... **(1 mark)**

(b) Frédéric recommends the .... **(1 mark)**

(c) Aline likes to watch the .... each evening. **(1 mark)**

(d) For Aline, the .... are on too late. **(1 mark)**

Un article sur la télé

2 Vous écrivez un article sur les émissions de télé pour un magazine français.

Décrivez:

- ce que vous aimez regarder à la télé et pourquoi
- une émission mémorable.

Écrivez environ **150** mots **en français**. Répondez aux deux aspects de la question.

> It is important to cover both the points mentioned, and don't forget to give and justify your opinions.

....

....

....

....

....

....

....

....

....

....

> Continue on lined paper if you need more space.

....

....

....

(32 marks)

Celebrations

La fête de Pâques

1   Lisez cet article sur Pâques et répondez aux questions **en français**.

> Pâques est avant tout une fête chrétienne très répandue en France, célébrée en souvenir de la résurrection de Jésus. C'est l'occasion de grandes messes et de processions religieuses mais c'est aussi un jour de joie où les familles et les amis se retrouvent et profitent de ce moment de fête pour savourer des plats délicieux, y compris de l'agneau, et bien sûr beaucoup de chocolat!
>
> Les enfants cherchent, dans la maison et le jardin, des œufs en chocolat que, selon une tradition qui date du onzième siècle, les cloches de Rome ont fait tomber du ciel. Naturellement ce sont en fait les parents qui les ont cachés. Puisque les Français sont un peu gourmands, on ne consomme pas que des œufs en chocolat, mais aussi des lapins et des poissons en chocolat (peut-être en référence au poisson d'avril).

(a) Pourquoi est-ce qu'on célèbre Pâques, selon l'article?

.... **(1 mark)**

(b) Comment sait-on que c'est une fête religieuse en France?

.... **(2 marks)**

(c) Selon l'article, qu'est-ce qu'on mange à Pâques à part le chocolat?

.... **(1 mark)**

(d) Selon la tradition, d'où viennent les œufs trouvés dans la maison et le jardin?

.... **(1 mark)**

(e) À part les œufs, quelles autres formes en chocolat est-ce qu'on mange?

.... **(2 marks)**

Picture-based task: Celebrating birthdays

2   Look at the photo and answer the questions below **in French**.

(a) Qu'est-ce qu'il y a sur la photo?

(b) Que fais-tu pour fêter ton anniversaire normalement?

(c) Qu'est-ce que tu vas faire pour célébrer ton anniversaire l'année prochaine?

(d) [!] Quelles autres fêtes est-ce qu'on célèbre chez toi?

(e) [!] Tu crois qu'on mange et boit trop aux fêtes? Pourquoi (pas)?

> Remember, in the exam, the two questions marked ! here will not be given to you to prepare.

Festivals

Astropolis festival

1　Read this text about a music festival.

> Le festival 'Astropolis l'hiver' a lieu en janvier depuis plus de vingt ans, alors c'est le plus ancien festival de musique électronique en France. Brest, à mi-chemin entre Moscou et New York, est un rendez-vous pratique et animé pour ceux qui adorent ce style de musique. Il y a des ateliers où on peut apprendre à jouer de la batterie, et des spectacles de groupes célèbres du monde entier. Un billet ne coûte que cent euros pour trois jours de joie.
>
> Sur présentation de votre billet d'accès au festival, une jolie gamme d'hôtels partenaires vous propose des tarifs réduits. Au centre commercial et au port, il y a tout ce qu'il faut si on a faim ou soif mais on recommande les crêperies en particulier.
>
> Si vous souhaitez être bénévole au festival d'Astropolis, faites une demande sur notre site web.

Which are the correct sentences? Write the **four** letters in the boxes.

A	Astropolis festival will be 20 years old in January.
B	It is the oldest electronic music festival in France.
C	It takes place in Moscow and New York too.
D	There are workshops at the festival.
E	You can learn to play the drums at the festival.
F	A ticket for the festival costs less than 100 euros for 3 days.
G	Local pancakes are recommended.
H	You can book hotels on the festival website.

☐　☐　☐　☐

(4 marks)

Which festival?

2　Listen to these three young French people talking about festivals.

Which festival are they talking about?

Choose the correct festival from the box.

> New Year's Day　　　Christmas Eve　　　14 July
> Mother's Day　　Saint Valentine's Day　　April Fool's Day

Listen to the recording

(a) ....　**(1 mark)**

(b) ....　**(1 mark)**

(c) ....　**(1 mark)**

Holiday preferences

Partir en vacances

1 Lisez cet article.

> **Pierre:** Moi, je serai très content de partir en vacances, après avoir terminé les examens de fin d'année. On ne pourra pas partir avant le dix juin car l'un de mes amis ne passera son dernier examen que la veille. Puisque nous serons six à partir ensemble en vacances, il va falloir être d'accord sur notre choix de destination. Tous les autres veulent choisir la Grèce, alors que moi, je n'opterais jamais pour un pays où il risque de faire trop chaud pour moi en été.
>
> **Marie:** L'idée de partir en vacances entre amis, ça ne m'intéresse guère. Dans trois mois, je vais avoir vingt ans et je ne me sens pas pressée d'abandonner l'idée de partir en voyage avec mes deux sœurs aînées. La semaine prochaine, nous allons toutes les trois dans une agence de voyage pour réserver notre séjour de trois semaines au Maroc. Si on attend trop longtemps pour se décider, les prix vont peut-être flamber, ce qui nous est déjà arrivé il y a deux ans. Ce serait dommage!

Trouvez les **quatre** phrases correctes. Écrivez les bonnes lettres dans les cases.

		Exemple A
A	Pierre sera content de partir en vacances.	☐
B	Pierre partira en vacances le jour de son dernier examen.	☐
C	L'un des amis de Pierre doit passer un examen le neuf juin.	☐
D	Un seul ami de Pierre a une préférence pour la Grèce.	☐
E	La Grèce, ce n'est pas la destination préférée de Pierre.	
F	Marie n'a pas trop envie de partir en vacances avec ses amis.	
G	Partir en vacances avec des amis, c'est ce que Marie voudrait surtout faire.	
H	Selon Marie, le prix des vacances peut baisser si on attend plus longtemps.	
I	Les trois sœurs vont faire des réservations pour les prochaines vacances.	

(4 marks)

On discute des vacances

2 Vous décrivez vos vacances pour votre blog.

Décrivez:

- où vous préférez passer les vacances et pourquoi
- des vacances excellentes dans le passé
- la valeur des vacances
- où vous voudriez voyager à l'avenir.

Écrivez environ **90** mots **en français**. Répondez à chaque aspect de la question.

....

....

....

....

....

....

(16 marks)

Hotels

Role-play: At a hotel reception

1   You are booking accommodation for your family at the reception of a French hotel. The teacher will play the role of the receptionist and will speak first. You must address the receptionist as *vous*.

Vous êtes à la réception d'un hôtel en France. Vous réservez des chambres pour votre famille. Vous parlez avec le/la réceptionniste.

> Bonjour: Je peux vous aider?

1.   Nombre de chambres et de personnes.

> Quel type de chambres voulez-vous?

2.   Type de chambres (**deux** détails).

> Pourquoi passez-vous vos vacances en France?

3.   **!**

> Que prenez-vous pour le petit déjeuner?

4.   Choix de petit déjeuner (deux détails).

> D'accord.

5.   **?** Parking

> Oui, bien sûr.

Un hôtel particulier

2   Lisez ce texte.

> The *hôtel* described here was a large private home.

> Read the passage carefully, making sure that you find the exact place for each answer.

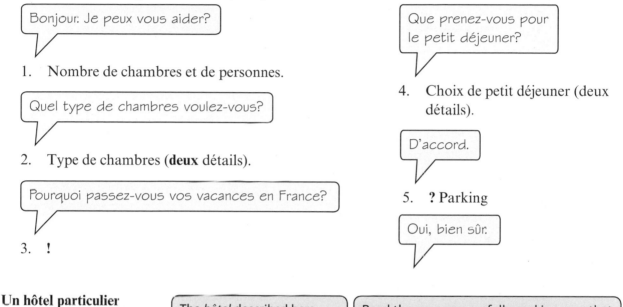

Le palais était un vaste et bel hôtel bâti en pierre au commencement du dix-septième siècle par un docteur en théologie. C'était un vrai logis luxueux où tout avait un grand air, les chambres, les salons, la cour d'honneur, fort large avec des promenoirs à arcades selon l'ancienne mode florentine et les jardins, plantés de magnifiques pommiers. Sur la pelouse devant l'hôtel, il y avait une foule de gens qui bavardaient sans cesse et qui regardaient l'entrée sans jamais tourner les yeux. Dans la salle à manger au premier étage, on prenait le petit déjeuner et le dîner, mais le déjeuner était servi seulement sur la terrasse même quand il faisait froid, ce qui était rare dans cette région.

(Adapted from *Les Misérables* by Victor Hugo)

Choisissez la bonne réponse. Écrivez la bonne lettre dans la case.

(a) L'hôtel a été construit …

A pour servir d'hôpital.
B au dix-septième siècle.
C par un roi.

☐

(b) Dans les jardins il y avait …

A des arbres.
B des arcades.
C des plantes de toutes sortes.

☐

(c) Les gens devant l'hôtel …

A parlaient ensemble.
B ne regardaient jamais l'entrée.
C allaient à la salle à manger.

☐

(d) On servait le déjeuner …

A dans le salon.
B dans la salle à manger.
C sur la terrasse.

☐

(4 marks)

Campsites

My camping holidays

1 Emma is talking about her camping holidays.

What does she mention? Listen to the recording and write the correct letter in each box.

A	The colour of the tents
B	The meals
C	Making the beds
D	Sharing with her sister
E	The beds
F	Eating at a restaurant
G	Doing the washing up
H	Getting on with her parents

☐ A
☐
☐
☐
☐

Guided

Listen to the recording

(5 marks)

Picture-based task: Camping holidays

2 Look at the photo and answer the questions below **in French**.

(a) Qu'est-ce qu'il y a sur la photo?

(b) Tu as déjà fait du camping en France?

(c) Quels sont les avantages et les inconvénients du camping?

(d) [!] Tu vas faire du camping l'année prochaine?

(e) [!] Tu aimes faire du camping? Pourquoi (pas)?

Accommodation

Holiday accommodation

1 These young people are talking about their holidays.

Where do they stay? Listen to the recording and write the correct letters in the boxes.

A	cousin's house
B	hotel
C	city flat
D	summer camp
E	rented house
F	youth hostel

Kevin ☐ C

Paul ☐

Isabelle ☐

Éric ☐

Éva ☐

(5 marks)

Accommodation preferences

2 Traduisez les phrases suivantes **en français**.

(a) I prefer a hotel.

.... **(2 marks)**

(b) My brother likes caravans.

.... **(2 marks)**

> Remember that the word for 'parents' will need the *ils* part of the verb and that the definite article ('the') is needed before the word for 'campsites' in French.

(c) My parents don't like campsites.

.... **(2 marks)**

> The adjective 'expensive' will need to agree with the word for 'hotels'.

(d) I think that hotels are very expensive.

.... **(3 marks)**

(e) Last year I stayed in a big hotel at the seaside for two weeks.

> Use *loger* for 'to stay'.

.... **(3 marks)**

Holiday destinations

Amélie's choice of holiday

1   Lisez ce que dit Amélie sur les choix de vacances.

> Il n'y a rien de plus beau qu'un paysage couvert de neige.
>
> Mon dernier séjour à la montagne, c'était comme un beau rêve! Bien sûr, je n'aurais jamais pu résister à cette gentille invitation de partir la veille de Noël en vacances de neige. Mais on ne peut pas imaginer comme c'est cher de faire du ski! Déjà, la location d'un appartement, ça coûte pas mal d'argent. Puis, il ne faut pas oublier les skis qu'on doit louer, sauf si on décide d'en acheter.
>
> Je suis sûre que je vais être obligée de dépenser moins d'argent pour mes prochaines vacances. Alors, où est-ce que je vais partir cette année? Je n'en sais rien. Moi, passer mes vacances à la plage en train de me faire bronzer? Ce qui est sûr, c'est que je m'y ennuierais énormément. Peut-être que j'aurai envie de passer une petite semaine tranquille à la campagne, car j'en ai marre de faire du tourisme dans les grandes villes.

Trouvez les **quatre** phrases correctes. Écrivez les bonnes lettres dans les cases.

A	Amélie thinks snow-covered landscapes are beautiful.
B	Amélie had a dream about beautiful mountain holidays.
C	The invitation to go skiing was refused by Amélie.
D	The ski trip departed the day before Christmas Day.
E	Skiing costs more than one imagines.
F	Well-located apartments are expensive to rent.
G	The next holiday will cost as much as Amélie's last one.
H	Amélie is not keen on beach holidays.
I	Amélie has already visited some major cities.

Exemple ☐ A
☐
☐
☐
☐

(5 marks)

Going on holiday

2   Listen to these people talking about where they spend their holidays. Where does each one go?

Listen to the recording

A	B
mountains	beach

C	D
big cities	small village

E	F
lake	countryside

Example ☐ C
☐
☐
☐
☐

(4 marks)

Travel

Conversation: Travel experiences

1   Réponds aux questions suivantes **en français**.

(a) Tu aimes voyager? Pourquoi (pas)?

> Moi, j'aime bien voyager car …

(b) Tu voudrais visiter quels pays? Pourquoi?

(c) Tu as déjà visité quels pays? Qu'en penses-tu?

> Make sure that you are well prepared for questions about holidays and remember that there is no need to tell the truth. It is difficult to remember words on the spot, so use words you know or have prepared.

> Try to add a detail to every part of your answer.

An email about travel

2   Vous êtes en vacances et vous écrivez à votre ami(e) français(e). Mentionnez:
- où vous allez normalement en vacances
- votre moyen de transport préféré
- pourquoi vous aimez ce moyen de transport
- vos activités de vacances.

Écrivez environ 40 mots environ **en français**.

> No need to put addresses at the top, just write the letter!

> Make sure that you cover all the points, including a reason in the last bullet point.

....

....

....

....

....

....

....

....

....

....

....

....

....

....

....

....   **(16 marks)**

Holiday activities

Active or passive holidays?

1   Translate this passage **into English**.

> To prepare for this kind of task, be sure to learn and revise vocabulary in topics. Revising 'holiday activities' words as a group will help you remember the difference between *randonnée* and *escalade,* for example.

> Je ne supporte pas les vacances où on ne fait rien car j'aime être toujours actif. L'année dernière je suis allé faire du ski au Canada et cette année j'irai en Allemagne. J'espère y faire de l'escalade et de longues randonnées à la montagne. Par contre, ma sœur préfère s'allonger au soleil, lire un roman policier ou faire les magasins.

> *toujours* – This will need to be translated in a slightly different position in English.

> *y* – This is also in a different position in French than English.

....

....

....

....

....

....

....

....   **(9 marks)**

Discussing holidays

2   Fadela and Paul are looking at holiday brochures. Listen to the recording and answer the following questions **in English**.

Listen to the recording

(a)   Where in Morocco would Fadela like to go?

....   **(1 mark)**

(b)   Why would Paul prefer the holiday in Spain to the holiday in Morocco?

....   **(1 mark)**

(c)   What sport would Fadela like to do in Italy?

....   **(1 mark)**

(d)   For Paul, what is the attraction of cycling in Spain?

....   **(1 mark)**

Holiday plans

Projets pour les vacances

1 Lisez cette lettre de Xavier.

> Chère Marianne,
>
> Je vais te parler de ma future visite en Espagne.
>
> L'année dernière, nous y sommes allés en famille, mais cette année, pour changer un peu, je vais y retourner avec mes amis. Je m'ennuie pendant les longs voyages, mais notre vol de nuit ne va durer que deux heures trente. Je n'aimerais pas prendre le bateau pour y aller!
>
> D'habitude, les vacances coûtent cher à Marbella, mais nous allons loger dans l'appartement de ma tante, donc notre logement sera gratuit. Le soir, nous aurons la possibilité de préparer nos propres repas. Comme activité de vacances, je vais faire de la voile. Moi, je refuse me faire bronzer sur la plage parce que c'est barbant.
>
> Vive les vacances!   Xavier

Complétez les phrases. Écrivez les bonnes lettres dans les cases.

(a) Xavier passera ses vacances …

A avec des copains.
B avec sa famille.
C avec sa famille et ses copains.

☐

(b) Le trajet sera …

A en train.
B en avion.
C en bateau.

☐

(c) Ils vont loger …

A dans une grande maison.
B chez un copain.
C chez sa tante.

☐

(d) Le logement …

A coûtera cher.
B sera pratique.
C sera difficile.

☐

(e) Xavier ne va pas …

A faire de la voile.
B faire de la planche à voile.
C se faire bronzer.

☐

(5 marks)

My next holiday

2 Paul is talking about going on holiday to Morzine. Complete the sentences. Use the correct word or phrase from the box.

> **Guided**
>
> Listen to the recording

A	ski.
B	a hotel.
C	his whole family.
D	climb.
E	swim.
F	eat out.
G	eat in.
H	a self-catering chalet.
I	take long walks.

(a) Paul is going with …   C

(b) They will stay in …   ☐

(c) In the mornings he will …   ☐

(d) In the afternoons he will …   ☐

(e) In the evening he will …   ☐

(5 marks)

35

Holiday experiences

Holiday memories

Listen to the recording

1 Listen to Juliette talking about a holiday.

Identify the **four** statements which apply **only** to her friend Lucie and **not** to Juliette herself.

A	She always spent her holidays in south-east France.
B	She sent a text message to her friend.
C	She went to museums with her parents.
D	She spent a holiday in Bordeaux.
E	She travelled by train.
F	She travelled by car.
G	She went to the beach without her friend.
H	She was bored on the journey.
I	She stayed in a 3-star hotel.

Example ⬚ B

☐
☐
☐
☐

(4 marks)

Les vacances en famille

2 Vous écrivez un article sur les vacances en famille pour un magazine français.

Décrivez:

- où vous allez en vacances en famille et votre opinion
- des vacances en famille mémorables.

Écrivez environ **150** mots **en français**. Répondez aux deux aspects de la question.

> **Guided**   D'habitude je passe mes vacances avec ma famille et j'aime ça ....

....

....

....

....

....

....

....

....

....

....

....

> Try to develop your ideas and make them more interesting by using adverbs and adjectives.

> If you run out of space, continue your answer on lined paper. In the exam you will have more space than this.

(32 marks)

Transport

Conversation: Means of transport

1 Réponds aux questions suivantes **en français**.

(a) Tu aimes voyager en train? Pourquoi (pas)?

> **Guided**

> Je n'aime pas voyager en train parce que je trouve ça ennuyeux, surtout pour les longs voyages. J'écoute de la musique ou je lis, mais je trouve que ce n'est pas agréable.

(b) Tu préfères quel moyen de transport? Pourquoi?

....

(c) Comment peut-on voyager de l'Angleterre vers la France?

....

Transport difficulties

2 Your brother has seen this post on social media and asks you to translate it for him **into French**.

> I hate travelling by car because I am often ill. For example, last summer I went to London with my parents and we had to stop as I had a headache. I prefer going everywhere by bike if I can, but for longer journeys I take a coach. Next week my family is going to visit my aunt in Spain but we will not travel by plane because my parents are afraid of flying.

In French, the present participle in 'I hate travelling' becomes an infinitive after 'I hate' in French.

'we had to stop' – Remember this is *s'arrêter* (a reflexive verb).

Again, like 'travelling' above, 'going' becomes an infinitive in French.

'my family is going to visit' and 'will not travel' – Remember how to form the near future tense in French.

....
....
....
....
....
....
....
....
....
....

(9 marks)

Directions

David's email

1 Read these directions to David's house.

> Salut Jeremy! Désolé, mais je ne pourrai pas venir te chercher à la gare. En sortant de la gare, ça te prendra une trentaine de minutes à pied. Pour venir chez moi, tu vas tourner à gauche quand tu quitteras la gare. Il y a une petite colline qui ne prend que cinq minutes à monter – ce sera plus facile demain soir quand tu seras sur le chemin du retour! Tourne à droite en face de la station-service. Puis tu vas aller tout droit, jusqu'à la librairie. Là, si tu regardes bien, tu ne pourras pas rater notre magnifique mairie. Par contre, si tu passes directement devant un grand hôpital sur ta gauche, c'est que tu es allé trop loin!
>
> Fais très attention en traversant toutes les rues parce qu'il faut regarder d'abord à gauche, pas comme en Angleterre. Malheureusement, il n'y a que très peu de zones piétonnes chez nous.

Which **four** statements are correct? Write the correct letters in the boxes.

A	David lives about thirty minutes walk from the station.
B	There is a short hill to walk down.
C	Part of the route is uphill.
D	Turn right opposite a petrol station.
E	There is a library along this route.
F	At one point, the town hall is visible.
G	The route passes in front of a hospital.
H	Jeremy offers road safety advice to David.
I	Pedestrian zones are rare where David lives.

Example A
☐
☐
☐
☐

(4 marks)

Getting home

2 How do these teenagers go home? Write the **four** correct letters in the boxes.

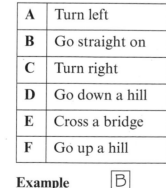

A	Turn left
B	Go straight on
C	Turn right
D	Go down a hill
E	Cross a bridge
F	Go up a hill

Listen to the recording

Example B
☐
☐
☐
☐

(4 marks)

Holiday problems

An online article

1 Vous décrivez l'endroit où vous passez vos vacances pour votre blog.

Décrivez:

- les problèmes en vacances
- le prix des vacances
- les vacances de rêve
- des vacances difficiles dans le passé.

Écrivez environ **90** mots **en français**.

> You do not have lots of space for development, but try to add opinions and details where you can.

Guided

En vacances il y a souvent du stress, par exemple avec les parents.

Il y a aussi les problèmes à l'aéroport ....

....

....

....

....

....

....

....

....

....

....

....

.... **(20 marks)**

Les problèmes en vacances

2 Écoutez ces jeunes qui parlent des problèmes en vacances.

C'est quelle sorte de problème?

Écrivez les **trois** bonnes lettres dans les cases.

> Listen carefully, but not only for the words in the table. Other words on the same topic will provide the answers you need.

LISTENING TRACK 24

Listen to the recording

A	transport
B	logement
C	temps
D	repas

(a) Magali ☐

(b) Jérôme ☐

(c) Louise ☐

(3 marks)

Asking for help

Role-play: Returning an item in a department store

1 You are talking to a shop assistant in a department store. The teacher will play the role of the assistant and will speak first. You must address the assistant as *vous*.

Vous êtes dans un grand magasin. Vous voulez rapporter un article que vous avez acheté.

> Putting *Je peux* in front of a verb and making your voice sound the question is a good way of asking questions.

> Bonjour, je peux vous aider?

1. Article rapporté.

> Vous l'avez acheté où et quand?

2. **!**

> Quel est le problème?

3. Problème (deux détails).

> D'accord.

4. Nouvel article désiré.

> Pas de problème.

5. **?** Pièce d'identité.

> Non, ce n'est pas nécessaire.

A theft

2 You hear a radio report about a theft. Find the correct statements. Write the **four** correct letters in the boxes.

Listen to the recording

A	The thief entered the shop at 12.20.
B	The thief wandered round the shop before the theft.
C	The thief stole a football.
D	The thief hid the item in his jacket.
E	A shop assistant alerted the security guard.
F	The shop manager phoned the police.
G	The street outside was busy.
H	The police took 20 minutes to arrive.
I	The thief was caught but escaped.

Example A

☐
☐
☐
☐

> You will be expected to know a number of different types of pronouns, not only *le, la, les, lui, leur, y* and *en* but also *celui-ci*, etc.

> Are you clear about the difference between *avant de* (before) and *après avoir* (after having)?

(4 marks)

Eating out in a café

A café in Nice

1   Read Wolfgang's account of café life in France.

> Manger au café en France, c'est toujours un grand plaisir pour moi. En général, je choisis les croissants, mais toujours sans beurre parce que je trouve que c'est meilleur avec un peu de confiture de fraise. Mais il est essentiel d'arriver dans un café avant dix heures pour en avoir!
>
> Tous les ans, nous allons dans le même petit café à Nice. Presque toute ma famille trouve que leur gâteau au chocolat est délicieux. Je ne résiste jamais à une deuxième part parce qu'il est impossible de trouver ce dessert chez moi en Allemagne. La recette, c'est un grand secret!
>
> Le soir, nous ne mangeons pas souvent dans les cafés parce que nous préférons aller au restaurant.

Write the **four** correct letters in the boxes.

A	Wolfgang always enjoys eating in French cafés.
B	Wolfgang does not have butter on his croissants.
C	In Wolfgang's opinion, raspberry jam improves the taste of the croissants.
D	Wolfgang has found that cafés always sell all their croissants by ten o'clock.
E	Wolfgang visits France at least three times a year.
F	The whole family enjoys the chocolate cake.
G	Wolfgang always has a second portion of cake.
H	Back home in Germany, Wolfgang cannot buy the same dessert.
I	The family never goes to cafés for the evening meal.

Example [A]

☐
☐
☐
☐

(4 marks)

A quick snack

Guided

2   Loïc is out with his mother talking about things to eat. Write **five** correct letters in the boxes, indicating which he does and doesn't want. One has been done as an example.

A	Chips
B	Water
C	Cheese
D	Sausage
E	Fruit
F	Bread
G	Cakes

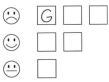

(6 marks)

Eating out in a restaurant

Reviewing a restaurant

1 Read Vincent's views about restaurants.

> La plupart des gens aiment bien dîner au restaurant. Pourquoi? Parce que cela évite un tas de travail! On n'a pas à trouver les ingrédients, c'est quelqu'un d'autre qui prépare le repas et on n'a pas besoin de faire la vaisselle. Si vous habitez au cœur de Paris où les parkings sont limités, vous n'avez même pas l'obligation d'aller au restaurant en voiture car les transports en commun sont excellents. Des centaines de restaurants parisiens sont à votre disposition.
>
> Mais n'oubliez pas qu'il faut gagner un bon salaire pour avoir la possibilité de manger au restaurant si on compte y aller plus d'une fois par semaine, surtout à Paris. À part quelques exceptions, mes amis et moi, nous ne pouvons y aller qu'une fois tous les quinze jours. Quel dommage! Nous aimerions bien dépenser plus pour les soirées au restaurant, mais ce n'est pas dans nos habitudes. Un pourcentage important de mon salaire est destiné à payer les factures mensuelles. J'essaie de les payer tout de suite.

Choose the correct ending for each statement, according to the text above.

Example: En général, les gens aiment manger
.......D........ .

(a) Dîner au restaurant, cela évite de

....

(b) À Paris, on peut trouver

....

(c) Les gens moins bien payés

....

(d) Vincent et ses amis aimeraient aller

....

A	ne dînent jamais au restaurant.
B	tous les quinze jours au restaurant.
C	plus souvent au restaurant.
D	au restaurant.
E	s'occuper d'autres personnes.
F	faire la vaisselle.
G	des centaines de bons restaurants.
H	énormément de restaurants.
I	ne peuvent pas dîner souvent au restaurant.

(4 marks)

Picture-based task: Eating out

2 Look at the photo and answer the questions below **in French**.

(a) Qu'est-ce qu'il y a sur la photo?

Guided

> Sur la photo il y a une famille qui mange dans un restaurant. Je crois qu'il y a le père, la mère, deux enfants et les grands-parents. Les adultes boivent du vin et les petits boivent de l'eau. Tout le monde a l'air content.

(b) Quels sont les avantages et les inconvénients de manger dans un restaurant?

(c) Quel est ton plat préféré? Pourquoi?

(d) [!] Parle-moi d'un repas récent dans un restaurant.

(e) [!] Dans quel restaurant aimerais-tu manger à l'avenir?

> Remember to add some details here: *Avec qui? Qu'est-ce que tu as pris? Où es-tu allé(e)? Pourquoi?*

> At higher level, the last question is 'unpredictable' which means you won't be able to prepare for it. But it will be around the same topic, so take some time to think about relevant vocabulary and phrases that may come in useful.

> You could talk about a specific restaurant or a type of restaurant here.

Buying gifts

Shopping lists

Listen to the recording

1 Listen to these three people talking about what they are buying.

Complete the sentences. Choose the correct word from the box.

> sweets   flowers   earrings   chocolates
>
>   gloves   perfume

(a) Louis is buying ....   **(1 mark)**

(b) Ariane is buying ....   **(1 mark)**

(c) Étienne is going to buy ....   **(1 mark)**

Role-play: In the souvenir shop

2 You are talking to a shop assistant in a souvenir shop. The teacher will play the role of the assistant and will speak first. You must address the assistant as *vous*.

Vous êtes dans un magasin de souvenirs.
Vous parlez au vendeur / à la vendeuse.

> Bonjour. Je peux vous aider?

1. Le cadeau que vous voulez.

> Don't go into details, just say what type of gift.

> Ah oui. De quelle couleur?

2. La couleur que vous voulez.

> Voici. C'est pour qui?

3. !

> Ah oui, c'est pour une occasion spéciale?

4. Raison pour l'achat.

> Try to think of something simple.

> Quelle bonne idée!

5. ? Prix.

> Ça fait cinquante euros.

Opinions about food

Who says what?

1 Read the following comments about food.

Avez-vous bien mangé?
Marianne: Je ne mange jamais au fast-food, même si je suis pressée.
Patrick: Qu'est-ce qu'on a bien mangé au restaurant grec hier soir! On va bientôt y retourner.
Freya: Ce café propose un bon choix de salades au déjeuner.
Sylvestre: Pour le petit déjeuner, tout était à bas prix, sauf les croissants.
Mara: Si on va au fast-food, on ne perdra pas de temps.
Thierry: À mon avis, ce repas indien sera super. J'ai déjà mangé dans ce restaurant l'année dernière.
Ruby: Ce restaurant ne donnait que rarement des portions généreuses.
Joshua: On dit que ce petit café sert de bons croissants pour le petit déjeuner.
Ghislaine: Je n'ai pas pu finir le plat. Quelle énorme portion!

Who mentions the following? Write the correct names in the table below.

Example	A café which offers a range of salads.	Freya
(a)	A meal enjoyed very recently.	
(b)	One advantage of eating at a fast-food restaurant.	
(c)	A recommendation on where to eat breakfast.	
(d)	The restaurant didn't tend to serve large portions.	

> If you spot an answer which seems to be correct at first glance, check the whole response to be absolutely sure.

(4 marks)

Opinions about food

2 You hear these people talking about food. What foods do they like and what do they dislike? Listen to the recording and write the **five** correct letters in the boxes. There is an example in the first box.

Listen to the recording

A	Cereals
B	Fish
C	Meat
D	Crisps
E	Cauliflower
F	Potatoes
G	Cheese
H	Peas

☺	A		
☹			

> Remember, this question is not asking you what *you* like and dislike. Listen carefully to the speakers to find out their opinions.

(5 marks)

Weather

Il fait mauvais temps

1 Lisez cette conversation.

> «Madame la duchesse est sortie seule» a remarqué François.
>
> «Mais vous ne l'accompagnez pas» a répondu Haudoin. «Pourquoi?»
>
> «Parce qu'il faisait trop froid dehors» s'est exclamé François.
>
> «Trop froid?» a dit le duc, «mais il y avait du soleil hier, n'est-ce pas?»
>
> «Ah oui, mais il ne faisait que deux degrés et le vent était si fort» a répondu Haudoin.
>
> **(Adapted from *La Dame de Monsoreau* by Alexandre Dumas)**

Écrivez les **trois** bonnes lettres dans les cases.

(a) Madame la duchesse est partie …

A	avec François.
B	accompagnée du duc.
C	toute seule.

☐

(b) Selon François …

A	il faisait très froid.
B	il faisait trop chaud.
C	il faisait beau.

☐

(c) Selon Haudoin il y avait …

A	du soleil.
B	un orage.
C	du vent.

☐

(3 marks)

Today's weather

2 Listen to this weather report.

Choose from the words below to write the correct labels on the map.

> Before you listen, make sure you know how to say 'north', 'south', 'east' and 'west' in French.

(4 marks)

Listen to the recording

sunny	~~cold~~	windy	foggy	raining	snowing

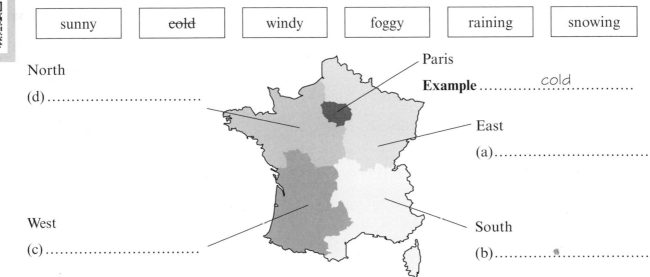

North
(d) ....

Paris

Example .... cold

East
(a) ....

West
(c) ....

South
(b) ....

Tourism

Bien préparer le départ en vacances

1 Lisez le texte.

> Les préparations de vacances commençaient quinze jours avant le départ. On le savait bien parce que ma mère était comme d'habitude de mauvaise humeur; bien qu'elle soit calme et douce par ailleurs, quand elle fait les préparatifs de voyage, elle est grincheuse. Elle s'occupait des bagages, en se disant ce qu'il ne fallait jamais oublier: vêtements propres, sandales, lunettes de soleil, appareil photo et pièces d'identité. On dirait qu'elle voulait rester à la maison, mais en vérité, elle aimait vraiment partir en vacances.
>
> Une fois arrivée à la destination prévue, elle était la première à sortir en boîte, à regarder de près les bâtiments célèbres ou à organiser des excursions, mais ce qu'elle détestait, c'était faire les valises! Malheureusement elle ne l'a dit à personne.

Écrivez les bonnes lettres dans les cases.

(a) La mère était de mauvaise humeur …

A	une semaine avant de partir en vacances.
B	deux semaines avant de partir en vacances.
C	le week-end avant le départ.

☐

(b) La mère parlait toute seule quand elle …

A	faisait du tourisme.
B	s'habillait.
C	faisait les valises.

☐

(c) Elle ne voulait pas oublier …

A	les choses nécessaires.
B	les bagages.
C	la famille.

☐

(d) Elle aimait …

A	s'occuper des valises.
B	rester à la maison.
C	faire beaucoup de choses en vacances.

☐

> Read the passage carefully and don't just assume that because a French word is in the passage and in one of the alternatives, that it must be the correct answer.

(4 marks)

Le tourisme au Canada

2 Vous envoyez une photo à un(e) ami(e) par messagerie.

Qu'est-ce qu'il y a sur la photo?

Écrivez **quatre** phrases **en français**.

1 ....

2 ....

3 ....

4 ....   **(8 marks)**

Describing a town

Ma ville / mon village

1 Vous écrivez à votre ami(e) français(e) au sujet de votre ville / village. Mentionnez:

- ce qu'il y a à voir dans votre ville / village
- ce qu'il y a à faire
- votre opinion sur la ville / du village
- où vous voudriez habiter à l'avenir.

> Remember that the information doesn't have to be true. Use the vocabulary for buildings and towns that you know.

Écrivez environ **40** mots **en français**.

....

....

....

.... **(16 marks)**

Where I grew up

2 Read Marthe's description of the town where she grew up and answer the questions in English.

> J'ai passé une enfance qui n'avait rien d'extraordinaire dans une petite ville du nord-est de la France, où je suis née. Je garderai toujours le souvenir de mon père et mon oncle qui rentraient, heureux d'avoir fini leur travail dans les mines et de pouvoir passer une soirée au cœur de leur famille.
>
> Il y a vingt ans, les mines ont été fermées définitivement et mon père était au chômage, alors un an plus tard ma famille a déménagé à Lyon et, heureusement, le lendemain de notre arrivée dans la ville, mon père a réussi à trouver un emploi comme ingénieur. Quelle chance! Mes parents y sont restés jusqu'à sa retraite quinze ans plus tard, quand ils sont repartis dans le Nord. Moi, j'habite toujours à Lyon mais l'ambiance chaleureuse de ma ville natale me manque de temps en temps.

 Guided

(a) What does Marthe say about her childhood?

nothing extraordinary .... **(1 mark)**

(b) Why were her father and uncle happy? Give **two** reasons.

.... **(2 marks)**

(c) What happened 20 years ago?

.... **(2 marks)**

(d) How long did it take Marthe's father to find work in Lyon?

.... **(1 mark)**

(e) What happened 15 years later?

.... **(1 mark)**

(f) What does Marthe miss about the town where she was born?

.... **(1 mark)**

Countries

Travelling abroad

Listen to the recording

1   These young people are discussing foreign travel.

Where are they going?

Complete the sentences. Use the correct word from the box.

Austria	Japan	Germany	Spain
Tunisia	Greece	Switzerland	China

> You might hear more than one country mentioned so listen carefully and check what you are listening for.

(a) Marion is planning to visit ....   **(1 mark)**

(b) Simon likes going to ....   **(1 mark)**

(c) Pauline would like to visit ....   **(1 mark)**

(d) Jean-Marc wants to go to ....   **(1 mark)**

Conversation: Visiting foreign countries

2   Réponds aux questions suivantes **en français**.

(a) Quels pays as-tu déjà visités?

(b) Tu voudrais visiter quel pays? Pourquoi?

(c) Quels sont les inconvénients de voyager à l'étranger?

> Try to think of disadvantages from your own experience first, but feel free to make them up. For example, *Si on ne parle pas bien la langue, c'est peut-être un petit problème quand on voyage à l'étranger.*

Places to visit

Une destination touristique

1 Traduisez le passage suivant **en français**.

> I have already travelled abroad but I would really like to visit Australia because I have never been there. My parents would like to go to the theatre in Sydney and my sister would like to go to the well-known beaches over there because she likes doing water sports and sunbathing. I love nature, so it would be great to see wild animals and people have told me that it's a pretty country.

'really' – This will come after 'would like' in French.

'I have never been there' – This becomes *ne … jamais* – think about where to place these two words in the sentence.

'it would be great' – Remember there is no word for 'would' in French – just use the correct part of the conditional form of the verb.

'people' – Use *on*.

....
....
....
....
....
....
....
....

(12 marks)

Role-play: At the travel agent's

2 Read the prompts and prepare your answers. Then listen to the recording of the teacher's part and give your answers in the pauses.

À l'agence de voyages. Vous voulez faire une excursion à Rouen.

1. Destination de l'excursion.

2. **!**

3. L'après-midi – préférences et pourquoi.

4. Visites à Paris dans le passé.

5. **?** Restaurant à Rouen – recommandation.

Listen to the recording

49

Describing a region

Trouble in Paris?

1 Lisez ce passage.

> Un matin du mois de décembre, en se promenant en ville, Frédéric a remarqué dans la rue Saint-Jacques plus d'animation qu'à l'ordinaire. Les étudiants sortaient précipitamment des cafés, ou, par les fenêtres ouvertes; ils s'appelaient d'une maison à l'autre; les boutiquiers*, au milieu du trottoir, regardaient d'un air inquiet; les volets** se fermaient; et, quand il est arrivé dans la rue Soufflot, il voyait un grand rassemblement autour du Panthéon.
>
> Frédéric se trouvait auprès d'un jeune homme blond, et portant moustache et barbe. Il lui a demandé la cause du désordre.
>
> «Je n'en sais rien», a répondu l'autre, «ni eux non plus!» Et il a éclaté de rire.
>
> *shopkeepers **shutters*
>
> **(From *L'Éducation Sentimentale,* Gustave Flaubert)**

Trouvez les **quatre** phrases correctes. Écrivez les bonnes lettres dans les cases.

A	Frédéric faisait une randonnée à la campagne.
B	Les étudiants étaient assis au café.
C	La rue n'était pas calme.
D	Il y avait beaucoup de gens au Panthéon.
E	Les boutiquiers ne semblaient pas contents.
F	Frédéric a aidé un homme blond à porter ses bagages.
G	L'homme blond ne savait pas ce qui se passait.
H	L'homme blond semblait triste.

☐
☐
☐
☐

(4 marks)

Picture-based task: A region of France

2 Look at the photo and answer the questions below **in French**.

> Make sure that you answer the questions using the correct tenses – question (c) will require a conditional and question (e) needs past tenses.

Guided ▷ (a) Qu'est-ce qu'il y a sur la photo?

> Sur la photo, il y a un vieux bâtiment au milieu d'une rivière. C'est la nuit et …

(b) Tu penses que c'est bien, habiter en ville?

(c) À l'avenir, où voudrais-tu habiter? Pourquoi?

(d) [!] Quels sont les désavantages d'habiter à la campagne?

(e) [!] Tu as déjà visité la France?

Volunteering

Helping out abroad

1 Vous écrivez un article sur le travail bénévole en Grande-Bretagne pour un magazine français.

Décrivez:

- l'importance du travail bénévole
- le travail bénévole que vous avez déjà fait.

Écrivez environ **150** mots **en français**. Répondez aux deux aspects de la question.

....

....

....

....

....

....

....

....

....

....

....

.... **(32 marks)**

A successful volunteer

2 You hear Marcus talking about his voluntary work.

Listen to the recording and answer the following questions **in English**.

Listen to the recording

(a) What inspired Marcus to volunteer?

.... **(1 mark)**

(b) What did his group have to do and why did they do it?

.... **(2 marks)**

(c) What specific skills did Marcus have?

.... **(1 mark)**

(d) How does he describe himself and how did he feel at the end of the task?

.... **(2 marks)**

Helping others

Conversation: Offering help

1 Réponds aux questions suivantes **en français**.

(a) Que fais-tu pour aider les autres?

J'écoute les problèmes de tous mes

copains et je leur donne des

conseils prudents. Par exemple, hier j'ai dit à ma copine Amanda qu'elle

devrait se concentrer sur ses études au lieu de sortir tous les soirs.

(b) Qu'est-ce que tu as fait récemment pour aider ta famille?

(c) Tu aimes aider les autres? Pourquoi (pas)?

> When you are asked a question, try to use different tenses, even if not specifically asked to do so. For example, in question (a), you could add an example from the past and/or what you intend to do in the future. This is a good way of showing that you can be spontaneous and can take the initiative in a conversation.

Volunteering in town

2 Vous envoyez une photo par messagerie à votre ami(e) français(e).

Qu'est-ce qu'il y a sur la photo? Écrivez **quatre** phrases **en français.**

1 ....

2 ....

3 ....

4 ....   **(8 marks)**

Charities

Working for a charity

1　Lisez ce texte de Raphaël.

> Mon emploi de temps quotidien est surchargé, mais il y a six mois j'ai décidé de faire du travail pour une organisation caritative. Nous vivons dans une société individualiste et j'ai voulu non seulement contrer ce phénomène, mais aussi montrer que les humains sont plus forts quand ils s'unissent.
>
> J'ai choisi d'abord de travailler dans le bureau d'une association qui soutient la recherche contre le cancer puisque j'ai perdu un proche atteint de cette maladie. Je ne fais que téléphoner à des individus afin de les encourager à nous donner de l'argent, mais maintenant je crois que je pourrais faire une différence et que la recherche pourrait apporter quelque chose et aider les autres.

Répondez aux questions en français.

(a) Quand est-ce que Raphaël a commencé son travail caritatif?

il y a six mois ....　**(1 mark)**

(b) Pourquoi est-ce qu'il pense qu'il faut aider les associations caritatives?

....

....　**(2 marks)**

(c) Pourquoi est-ce qu'il a choisi d'abord d'aider la recherche contre le cancer?

....　**(1 mark)**

(d) Que fait-il exactement?

....　**(1 mark)**

(e) Quelle est son opinion sur son travail maintenant?

....　**(1 mark)**

Reasons for helping charities

2　Listen to Aicha giving reasons why she helps charities.

Which reasons does she mention? Write the **three** correct letters in the boxes.

Listen to the recording

A	To make a difference	☐
B	To take part in the local community	☐
C	To meet new people	☐
D	To feel good about herself	
E	To meet a challenge	
F	To develop new skills	

(3 marks)

Healthy eating

Who eats what?

1   Read these people's views on sugar in food. Who says what? Write the names in the boxes.

Vos avis sont importants!	
Michelle:	J'essaie de ne pas manger trop de sucreries.
Robert:	Je ne peux jamais résister aux plats sucrés.
Suzanne:	Trop de sucre, ça me donne mal au cœur.
Anne:	Les fraises sont meilleures si on met un peu de sucre dessus.
Ibrahim:	Le sucre, j'en ai horreur!
Pauline:	À mon avis, un peu de sucre ne fait pas de mal.
Roger:	C'est le médecin qui m'a dit de réduire la quantité de sucre que je mange.
Souad:	À mon avis, le café est meilleur sans sucre.
Benjamin:	Pour avoir de belles dents, n'exagérez pas avec le sucre!

Who says what? Write the correct name in each space in the grid.

Example	Coffee is better without sugar.	Souad
(a)	I have been advised to eat less sugar.	
(b)	I can't stand sugar.	
(c)	I think that a small amount of sugar does no harm.	
(d)	I have difficulty saying no to sweet foods.	

(4 marks)

Food choices

2   Listen to this girl talking about food. What reasons does she give to explain why the members of her family don't eat certain foods? Write the correct letter in each box.

A	too acid
B	causes constipation
C	bad for the skin
D	not enough vitamins
E	too much fat
F	too much sugar
G	not enough taste
H	provokes headaches
I	makes the person feel ill

Listen to the recording

Example: Cheese   H

(a) Mayonnaise   ☐

(b) Vegetables   ☐

(c) Grapefruit   ☐

(d) Chocolate   ☐

(4 marks)

Healthy lifestyles

Keeping fit

1 Réponds aux questions suivantes.

    (a) Que fais-tu pour être en forme?

    (b) Que vas-tu faire pour garder la forme?

Garder la forme

2 Vous envoyez une photo à votre ami(e) français(e).

Qu'est-ce qu'il y a sur la photo? Écrivez **quatre** phrases **en français**.

1 ....

2 ....

3 ....

4 ....   **(8 marks)**

Had a go ☐   **Nearly there** ☐   **Nailed it!** ☐

Poverty

En Afrique

1 Complétez le texte suivant avec les mots de la liste ci-dessous. Écrivez la bonne lettre dans chaque case.

> L'Afrique est le ☐ le plus pauvre du monde. La ☐ quotidienne de beaucoup d'Africains est très ☐, car ils n'ont pas ☐ de nourriture. De plus, le ☐ est souvent chaud et il y a eu beaucoup de ☐ civiles qui ont provoqué le déplacement des gens dans des camps.

A	difficile
B	guerres
C	continent
D	pays
E	vie
F	assez
G	bonne
H	climat

(6 marks)

Poverty

2 Translate this passage **into French.**

> Poverty is a serious problem in several countries. I recently visited Africa where I saw many poor people who were hungry. I was very sad. I decided to send some money to a charity which helps children abroad and I am going to do some voluntary work in my own town.

....

....

....

....

....

....

....

....

(12 marks)

Homelessness

Aider les sans-abri

1 Réponds aux questions suivantes.

(a) Que penses-tu des SDF?

(b) Qu'est-ce que tu as fait pour aider les sans-abri?

> Remember to justify your opinions and also to use different tenses in your answers if you can.

Finding a solution

2 Listen to these French people talking about homelessness. Answer the questions **in English**.

(a) What does Marc think has been the main cause of homelessness?

.... **(1 mark)**

(b) How has Janine tried to help? (Two details)

....

.... **(2 marks)**

(c) Why does Rémy get worried about the homeless?

.... **(1 mark)**

Listen to the recording

Being green

Helping the environment

1 Read what these three young people do to help the environment.

Denis	Moi, j'achète souvent des produits bio si possible et je réutilise les sacs en plastique plusieurs fois au supermarché. Je vais toujours en ville en vélo, mais je sais que je devrais recycler plus de carton.
Yannick	J'essaie d'économiser l'eau. Par exemple, je prends une douche au lieu d'un bain et je me brosse les dents le robinet fermé. À l'avenir, je vais dire à mes parents de baisser le chauffage central aussi.
Thomas	Pour économiser l'énergie, j'essaie toujours d'éteindre toutes les lumières chez moi quand je sors d'une pièce. Hier, j'ai refusé un sac en plastique dans un magasin et je vais recycler tous les articles en verre au lieu de les jeter à la poubelle.

What do they say they do? Enter either **Denis**, **Yannick** or **Thomas.**

> Remember to look beyond the word. For example, *économiser, recycler, au lieu de, sac en plastique* all appear twice in the texts so you will need to look at the context in order to work out the correct answers.

Guided

You can use each person more than once.

(a) ....Yannick............ saves water.

(b) .... recently did not use a plastic bag.

(c) .... tries to use a greener way of travelling.

(d) .... is going to suggest changing the heating arrangements.

(e) .... knows that he should recycle more cardboard.

(f) .... already tries to save energy.   **(6 marks)**

Becoming greener

2 Listen to these young people talking about what they do to be 'green'.

Write the correct letters in each box.

Listen to the recording

A	Recycling glass
B	Walking to school
C	Taking public transport
D	Saving water
E	Recycling newspapers
F	Buying organic products
G	Turning off lights

(a) Noah   ☐

(b) Sophie ☐

(c) Didier ☐   **(3 marks)**

Protecting the environment

Translation

1 Translate this passage **into English**.

> On est en train de détruire la planète. Beaucoup d'animaux sont menacés par les actions de l'homme et il faut essayer de protéger la Terre. Le niveau de la mer monte depuis plusieurs années à cause du réchauffement et du changement climatiques. La pollution a augmenté les risques de santé et on devrait agir afin de résoudre ce problème grave.

Be careful with cognates like *train* and *menacés* as they can be misleading.

....

....

....

....

....

....

....

....

(9 marks)

Conversation: Problems with the environment

2 Réponds aux questions suivantes **en français**.

(a) À ton avis, quel est le problème environnemental le plus grave?

(b) Qu'est-ce que tu as déjà fait pour essayer de résoudre les problèmes environnementaux dans ta région?

(c) Comment pourrait-on réduire la pollution?

Here, the three questions require three different tenses, so make sure you practise using verbs associated with the environment in different tenses. For example, *je recycle* (I recycle), *j'ai recyclé* (I recycled) and *je vais recycler* (I'm going to recycle) / *je recyclerai* (I'll recycle).

Environmental issues

Droughts

1 Look at the photo and prepare answers in French to the questions.

(a) Qu'est-ce qu'il y a sur la photo?

(b) Quel est le problème le plus grave du monde?

(c) Parle-moi de ce que tu as fait pour utiliser moins d'énergie.

(d) [!] Quelle sera la plus grande menace pour le monde à l'avenir?

(e) [!] Que penses-tu des associations caritatives qui protègent l'environnement?

> Remember that the final two questions will be 'unpredictable'. The '!' shows that (d) and (e) here are just examples. When preparing the task, try to work out from the photo what sort of question might be asked.

Global problems

2 Listen to this discussion about global problems.

Find the **four** true statements. Write the correct letters in the boxes.

Listen to the recording

A	Monsieur Dumas does not think that pollution is one of the most serious problems.	☐
B	He says that temperatures are reaching record highs every year.	☐
C	According to Monsieur Dumas, global warming causes floods.	☐
D	Monsieur Dumas thinks the situation is getting slightly easier.	☐
E	He blames the big industrialised countries for making the situation worse.	
F	Monsieur Dumas has just returned from a trip to China.	
G	He says that people should reduce the amount of air travel they do.	
H	He says that we are using less electricity nowadays.	

(4 marks)

Natural resources

Changing resources in Mali

1   You hear this report about Mali on the radio.

Listen to the recording and answer the following questions **in English**.

(a) What new crop has been harvested in Mali?

....   **(1 mark)**

(b) What are the consequences of this change in production? Give **two** details.

....

....   **(2 marks)**

(c) Why will rivers become polluted?

....   **(1 mark)**

(d) What does the report propose?

....   **(1 mark)**

Fair trade

2   Lisez ce texte de Marcel.

> Mon oncle achète souvent des produits issus du commerce équitable car il pense que ça vaut la peine, même s'il faut payer un peu plus. Par exemple, le week-end dernier je suis allé en ville avec lui et nous avons acheté du café du Brésil issu du commerce équitable. Malheureusement mes copains disent que ces produits sont trop chers, mais ils veulent acheter responsable quand même, alors ils achètent un produit sur deux du commerce équitable.

Trouvez les **trois** bonnes réponses. Écrivez les lettres dans les cases.

A	L'oncle de Marcel n'achète pas souvent des produits du commerce équitable.	☐
B	Marcel a fait du shopping la semaine dernière.	☐
C	Avec son oncle, il a acheté du chocolat brésilien.	☐
D	Les produits issus du commerce équitable coûtent plus cher.	
E	Les amis de Marcel achètent quelques produits du commerce équitable.	
F	Les copains de Marcel n'achètent jamais responsable.	

(3 marks)

World problems

Radio headlines

Listen to the recording

1   Listen to these headlines on the radio and answer the following questions **in English**.

(a) What has happened in Pakistan?

.... **(1 mark)**

(b) What has caused damage in the Atlantic Ocean?

.... **(1 mark)**

(c) Give **two** details about the floods in south-west England.

....

.... **(2 marks)**

(d) What has happened in Australia and what are people worried about?

....

.... **(2 marks)**

Translation

2   Translate this passage **into English**.

> Dans le monde, il y a beaucoup de gens sans domicile fixe. Il faut donner de l'argent aux organisations qui les aident. Je pense qu'il y a trop de chômage, surtout en Europe, alors les gouvernements devraient faire quelque chose. Je n'aime pas voir la destruction des habitats naturels des animaux sauvages en Afrique. J'ai visité l'Australie le mois dernier et il y avait plein d'animaux qui y vivaient sans problèmes.

> Take care when you are translating object pronouns such as *les aident* here – remember that the pronoun comes before the verb in French but not in English.

....

....

....

....

....

....

....

.... **(9 marks)**

School subjects

Which subject?

1 Which subject is being discussed? Write the correct letters in the boxes.

Example: Mon professeur de maths est très sympa.   ☐ D

(a) J'aime bien l'histoire.   ☐

(b) Ma matière favorite est l'éducation physique.   ☐

(c) Mon amie préfère l'informatique.   ☐

(d) Le dessin, c'est super!   ☐

A	Geography
B	PE
C	Drama
D	Maths
E	French
F	Music
G	History
H	Art
I	IT

> Start with the items you can do most easily.

(4 marks)

My lessons

2 Lucas is talking about his lessons at school. Which subjects is Lucas not interested in and which does he like?
Listen to the recording. Put **four** more correct letters into the right boxes. An example has been done. You will have one empty box remaining.

A	Maths
B	German
C	Physics
D	English
E	History
F	Chemistry
G	PE
H	ICT

☹	A	
☺		

> How well do you know the vocabulary which expresses opinion? Can you tell the difference between, for example, *ça me fait rire, ça m'est égal* and *ça ne fait rien*? These are all common expressions which you can find in the Foundation vocabulary list. You need to know some of them to be able to fill in the grid.

(4 marks)

School life

La vie au collège

1   Translate the following sentences into French.

(a) I like my school.

J'aime mon collège.   **(2 marks)**

(b) The buildings are old.

> Remember that the word for 'building' is masculine in French.

....   **(2 marks)**

(c) There are a lot of clubs.

> Remember which small word follows *beaucoup*.

....   **(2 marks)**

(d) My favourite subject is music because the teacher is kind.

....

....   **(3 marks)**

(e) Last year I went to Spain with my school.

....

....   **(3 marks)**

Picture-based task: At school

2   Look at the photo and answer the questions below **in French**.

(a) Qu'est-ce qu'il y a sur la photo?

> Il y a huit élèves qui travaillent dans une salle de classe. Je crois qu'ils sont en train de faire leurs devoirs.

(b) Qu'est-ce que c'est, une bonne école?

(c) Quelles matières est-ce que tu n'aimes pas? Pourquoi?

(d) [!] Tu étudies le français depuis combien de temps?

(e) [!] Que voudrais-tu faire l'année prochaine? Pourquoi?

> Remember to use the present tense with *depuis* to translate the English phrase 'have been doing'.

> Don't forget to add a reason for your plans for next year.

64

School day

Conversation: School routine

1 Réponds aux questions **en français**.

(a) Décris ta routine scolaire le matin.

(b) Qu'est-ce que tu fais pendant l'heure
du déjeuner?

(c) Qu'est-ce que tu as fait au collège hier?

> Try to use connectives and time phrases to
> add complexity and interest. A possible start
> might be *Après avoir préparé mes affaires, je
> vais au collège en car. Une fois arrivé(e) je vais
> directement à la salle de classe où on a l'appel.*

Likes and dislikes

2 Which parts of school life does Anton **dislike**?

Put the correct letters in the boxes.

> Take extra care if parts of
> instructions are in **bold** print.

A	Je déteste arriver au collège le lundi matin!
B	Manger à la cantine, c'est sympa.
C	L'éducation physique, c'est trop fatigant.
D	J'aime bien parler avec mes amis en classe.
E	Mon professeur de dessin est amusant.
F	Aller à l'école en autobus, c'est ennuyeux.
G	Je n'aime pas faire la queue à la cantine.
H	J'adore jouer pendant la récréation!
I	Mes cours d'italien sont nuls.

Example  A
☐
☐
☐
☐

(4 marks)

Had a go ☐   Nearly there ☐   Nailed it! ☐

Comparing schools

Marie compares schools

1   Read Marie's comparison of schools in Paris and London.

> Ici en France, ma semaine au collège commence à huit heures le lundi matin. En général, les cours durent une heure, mais c'est souvent plus court en Angleterre. Moi, je rentre chez moi à l'heure du déjeuner. Mes cours finissent assez tard l'après-midi, sauf le vendredi. En France, nous avons cours le samedi matin. Quelle horreur!
>
> Mon correspondant anglais s'appelle Danny. Il est content d'être élève en Angleterre, mais il aime bien visiter la France. Il n'aime pas la couleur de l'uniforme qu'il porte, mais il dit que c'est confortable. Danny a des cours de religion, mais ce n'est pas sa matière préférée. Il pense que les professeurs sont plus sévères en France qu'en Angleterre.

What does she mention? Write the **four** correct letters in the boxes.

A	School starting time in France
B	Identical length of lessons in both cities
C	Going home for lunch
D	Very late finish to lessons on Fridays
E	Dislike of Saturday morning lessons
F	Danny's liking of school in the UK
G	Marie's opinions on school uniform
H	Danny's favourite subject
I	Teachers being less strict in England

Example [A]
☐
☐
☐
☐

> Where two or more people are mentioned in a text, make sure that each answer relates to the correct person.

(4 marks)

Adapting to an English school

2   Lisa is talking to her mother on the telephone. What does she tell her? Find the correct statements. Write the **four** correct letters in the boxes.

Listen to the recording

A	The school day is short.
B	School starts earlier than in France.
C	School starts at 8.45 am.
D	School starts later than in France.
E	In France she drinks coffee at break time.
F	The teachers are interesting.
G	She must stay in school all day.
H	She can go to the café at break time.
I	She enjoyed the concert.

Example [C]
☐
☐
☐
☐

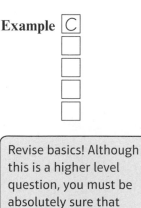

> Revise basics! Although this is a higher level question, you must be absolutely sure that you know the difference between all the various ways of telling the time.

(4 marks)

Describing schools

Role-play: My school

SPEAKING TRACK 42

Listen to the recording

1   Read the prompts and prepare your answers. Then listen to the recording of the teacher's part and give your answers in the pauses.

Au collège. Tu parles à un étudiant français qui participe à un échange.

1.   L'heure du commencement des cours.

2.   **!**

3.   **?** Matière préférée.

4.   Devoirs hier.

5.   Sports pratiqués au collège (2 détails).

Un élève français

WRITING

2   Translate this passage into **French**.

> My friend, Marc, goes to a big mixed school in the north of France. He likes school very much but he has found English very hard. I went to his school last year and it was quite interesting. Lessons start earlier than in England and the students do not wear a school uniform. Marc is going to visit my school next year.

Remember that in French the translation of 'big' comes before the noun but 'mixed' comes after it.

If you cannot think of a direct translation of 'hard', try using another English adjective which means the same (e.g. difficult).

....

....

....

....

....

....

....

....   **(12 marks)**

School rules

Mon école

1 Vous décrivez le règlement scolaire pour votre blog.

Décrivez:

- le règlement de votre école
- votre opinion sur le règlement
- un incident récent à votre école
- comment vous voudriez changer le règlement.

> Don't try to use words you don't know the French for just to fit in with the school rules. You can make up a rule if you want to.

> **Guided**

Écrivez environ **90** mots **en français**. Répondez à chaque aspect de la question.

Le règlement de mon école est assez strict. ....

....

....

....

....

....

....

....

.... **(20 marks)**

Encore des règles!

2 Écoutez Lise qui parle de son lycée.

Complétez les phrases. Écrivez les **trois** bonnes lettres dans les cases.

> Listen to the recording

(a) Lise voudrait …

A porter un uniforme scolaire.
B avoir un piercing.
C pouvoir se maquiller au lycée.

☐

(b) Ses copines …

A ont des tatouages.
B portent du maquillage en classe.
C sont souvent en retard.

☐

(c) Elle va …

A parler au directeur.
B parler à ses parents.
C parler avec ses copines.

☐

(3 marks)

68

Problems and pressures

Les problèmes scolaires

1 Lisez cet article.

> When you have questions in French on a longer passage, make sure you read them carefully and understand what you are looking for. Don't just copy chunks of the passage for your answer.

> L'emploi du temps de Natalie est surchargé. Après sa journée au collège, elle se dépêche de rentrer à la maison pour pouvoir faire ses devoirs et réviser pour les contrôles le lendemain. Ses parents, tous les deux médecins, rentrent tard, mais insistent pour que Natalie leur raconte ce qu'elle a appris pendant la journée avant de se coucher. Le week-end dernier, Natalie a dû travailler dur car elle va bientôt passer un examen de violoncelle, sans parler des épreuves scolaires à venir. Elle comprend que ses parents s'inquiètent pour son avenir, pourtant elle voudrait parfois ne rien faire, jouer avec son chat ou inviter ses copines, mais c'est impossible!
>
> Les collégiens ne sont pas les seuls à subir la pression parentale. «Les parents demandent des comptes dès la rentrée» constate Michelle, professeur de chimie dans un grand collège prestigieux. «Ils vérifient que nous travaillons jour et nuit et comparent les résultats avec ceux du collège voisin.»

Répondez aux questions **en français**.

(a) Qu'est-ce que Natalie doit faire le soir? Donnez **deux** détails.

.... **(2 marks)**

(b) Qu'est-ce qu'elle doit faire avant de se coucher?

.... **(1 mark)**

(c) Qu'est-ce qu'elle doit faire dans un proche avenir?

.... **(1 mark)**

(d) Qu'est-ce qu'elle aimerait faire de temps en temps? Donnez **trois** détails.

....

.... **(3 marks)**

(e) Qui est Michelle?

.... **(1 mark)**

(f) Que font les parents, selon Michelle? Donnez **deux** détails.

.... **(2 marks)**

Les pressions scolaires

2 Vous décrivez les problèmes scolaires pour votre blog.

Décrivez:

- les problèmes à votre collège
- les pressions scolaires
- votre opinion sur les pressions
- ce que vous allez faire pour vous relaxer.

Écrivez environ **90** mots **en français**. Répondez à chaque aspect de la question.

....

....

....

....

....

.... **(20 marks)**

Primary school

What did you do at primary school?

1 Read these brief insights into life in a primary school.

> **A** Chaque cours durait trois quarts d'heure.
> **B** On jouait dans la cour pendant la récréation.
> **C** Nous y arrivions à huit heures du matin.
> **D** Dans la cour de récréation, pas trop de règles à suivre!
> **E** L'institutrice pensait qu'il était important d'être polie envers tous ses élèves.
> **F** Il était interdit de jouer pendant les cours.
> **G** La récréation ne durait que dix minutes.
> **H** Notre institutrice nous demandait d'être toujours polis.
> **I** Le dernier cours se terminait à quatre heures.

> Be very careful about words with similar spellings which have very different meanings, e.g. *cours* and *cour*.

Which phrase above best matches each English phrase below? Write the correct letter in the box.

Example: The time pupils arrived at school [C]

(a) Teacher showing courtesy towards pupils ☐

(b) Length of each lesson ☐

(c) What pupils did during breaks ☐

(d) Rule applied during lessons ☐ **(4 marks)**

My primary school

2 You hear this man recalling his primary school. Listen to the recording and complete the statements by writing the correct letter in each box.

Listen to the recording

Example: The man's teacher was called …

| A Mr Tissot. |
| B Miss Tissot. |
| C Mrs Tissot. |

[B]

(a) The pupils only left the classroom for …

| A music lessons. |
| B science lessons. |
| C PE lessons. |

☐

(b) They went to the football pitch …

| A if the teacher was in a good mood. |
| B when the weather was fine. |
| C to play. |

☐

(c) Playtime lasted …

| A 15 minutes. |
| B 20 minutes. |
| C 30 minutes. |

☐

(d) After lunch he loved …

| A running races. |
| B playing football. |
| C chatting with friends. |

☐

(4 marks)

Success in school

School successes

1   Read these comments about students succeeding in school.

Ibrahim	J'ai joué pour l'équipe de foot de mon collège et j'ai participé à un concours d'échecs.
Mamadou	Moi, j'ai joué de la batterie dans l'orchestre du collège et j'ai gagné une médaille de bronze en volley.
Sophie	J'ai chanté dans la chorale scolaire et j'ai joué le rôle de Juliette dans une pièce de théâtre.
Régine	Moi, j'ai reçu de bonnes notes dans toutes les matières et j'ai été sélectionnée pour l'équipe régionale de natation.

> **Guided**

Enter either **Ibrahim**, **Mamadou**, **Sophie** or **Régine** to complete each sentence. You can use each person more than once.

(a) ....Régine.............. is a good swimmer.

(b) .... plays drums.

(c) .... enjoys playing chess.

(d) .... has been in the school choir.

(e) .... is good in class.

(f) .... has performed in a school play.   **(6 marks)**

Conversation: Your school successes

2   Réponds aux questions suivantes **en français**.

(a) Tu participes aux clubs scolaires? Lesquels?

(b) Tu fais du sport au collège?

(c) Parle-moi de tes réussites au collège.

> Try to add a few details, however basic.

71

School trips

Un article de magazine

1 Vous écrivez un article sur les excursions scolaires pour un magazine français.

Décrivez:

- pourquoi les excursions scolaires sont importantes
- votre opinion sur les voyages scolaires en général
- les activités que vous avez faites
- une excursion scolaire mémorable.

> In longer questions, try to make sure that you develop the points you make by using adjectives, adverbs and connectives.

Guided ⟩ Écrivez environ **150** mots **en français**. Répondez à chaque aspect de la question.

L'année dernière, mon collège a décidé d'organiser une excursion à

Londres ....

....

....

....

....

....

....

....

....

....

....

.... **(32 marks)**

A school trip

2 Translate this passage **into English**.

> J'aime les excursions scolaires. Elles sont souvent intéressantes et amusantes parce que mes amis sont avec moi. Je n'aime pas les voyages en car à l'étranger car c'est trop long et je m'ennuie un peu. L'année dernière je suis allé en Espagne avec ma classe d'histoire. C'était génial car j'ai pu pratiquer mon espagnol.

> *Car* is seen twice in the text, but it has a different meaning each time. Think carefully about how you will translate *voyages* and *classe d'histoire*.

....

....

....

....

.... **(9 marks)**

Exchanges

Role-play: A school trip

1 Read the prompts and prepare your answers. Then listen to the recording of the teacher's part and give your answers in the pauses.

Tu es chez ton/ta correspondant(e) français(e). Tu parles avec lui/elle.

1. Excursion – description (deux détails).

2. Transport et heure du départ.

3. !

4. Durée du voyage.

5 ? Échanges scolaires – opinion.

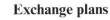

Exchange plans

2 You hear these French students discussing exchanges.

Listen to the recording and answer the following questions **in English**.

(a) How many times has Ariane been to England before?

none .... **(1 mark)**

(b) What is she not looking forward to?

.... **(1 mark)**

(c) What activities are planned for Saturday?

.... **(2 marks)**

(d) What advice does her friend Carine give her?

.... **(1 mark)**

Future plans

A discussion about work

1   Read this discussion between students about their future plans.

FORUM DES JEUNES: Quel talent aimeriez-vous avoir?

Marie-Flore: Créer et composer de la musique électronique.

Antonin: Je joue du piano depuis un an et j'aimerais être un pianiste virtuose, mais malheureusement pour réussir il faut commencer jeune.

Suzanne: Je voudrais être chanteuse et gagner beaucoup d'argent. Je m'achèterais pas mal de vêtements de luxe!

Dany: Être créatif, pour devenir un grand styliste et concevoir un nouveau look cool.

Amélie: Savoir mixer et pouvoir faire danser une salle pleine pendant des heures.

Christophe: Je voudrais être vedette de cinéma et porter de très beaux vêtements.

Laetitia: Je voudrais faire de la gymnastique comme une championne. Il faut être souple et ça demande beaucoup d'effort. Il faut s'entraîner cinq ou six heures par jour.

Alice: J'aimerais devenir chirurgienne. Le corps humain m'intéresse beaucoup et j'aimerais aider les gens.

Who makes the following statements? Write the correct names in the table.

Example: I would like to be a film star. | Christophe |

(a) I would like to be a DJ. | _____ |

(b) I started too late to fulfil my ambition. | _____ |

(c) I would like to work in the fashion industry. | _____ |

(d) To fulfil my dream I need to be very dedicated. | _____ | **(4 marks)**

Les ambitions

2   Un site Internet français pour les jeunes voudrait connaître votre opinion sur les ambitions. Écrivez à ce site Internet.

Vous devez mentionner les points suivants:

> Remember to give a reason in bullet point 3.

- votre personnalité
- le travail que vous avez déjà fait
- pourquoi avoir de l'ambition est important pour vous
- vos projets d'avenir.

  Écrivez 80–90 mots environ **en français**.

On dit que je suis assez travailleur et responsable mais que je suis un

peu timide de temps en temps. ....

....

....

....

....

....

....   **(20 marks)**

Languages beyond the classroom

Role-play: Going to the cinema

1   Read the prompts and prepare your answers. Then listen to the recording of the teacher's part and give your answers in the pauses.

Tu es en France. Tu vas voir un film au cinéma.
Tu parles avec ton ami(e) français(e).

1. Film – quand et où.

2. !

3. Distractions dans ta ville (deux détails).

4. Films préférés et raison.

5. ? Films anglais – opinion.

Listen to the recording

Une Américaine francophone

2   Lisez cet article sur Jodie Foster.

> Jodie Foster, l'actrice américaine, parle français presque sans accent et elle se présente facilement dans les médias francophones. De plus, elle se double elle-même dans la version française de certains de ses films! Elle a été scolarisée au lycée français de Los Angeles parce que ses parents voulaient qu'elle s'immerge dans la culture francophone. Elle a obtenu son bac en 1980 avant d'étudier la littérature à l'université de Yale. Elle s'intéresse fortement à tout ce qui est français et les films de la Nouvelle Vague n'ont pas de secret pour elle.
>
> Jeune, elle chantait en français et, de nos jours, bien qu'elle avoue faire des erreurs sur les genres et hésite un peu surtout quand elle parle au téléphone, elle parle français avec une rapidité extraordinaire. «Parler français, ça a changé ma vie» dit-elle, «car celle qui sait parler deux langues vaut deux femmes.»

Répondez aux questions **en français**.

(a) Comment sait-on que Jodie Foster parle couramment français? Donnez **deux** détails.

....

.... **(2 marks)**

(b) Pourquoi est-elle allée au lycée français de Los Angeles?

.... **(1 mark)**

(c) Qu'est-ce qui s'est passé en 1980?

.... **(1 mark)**

(d) Quels problèmes a-t-elle quand elle parle français maintenant? Donnez **deux** détails.

....

.... **(2 marks)**

(e) Que dit-elle au sujet des personnes bilingues?

.... **(1 mark)**

Future aspirations

Conversation: Relationships

1 Réponds aux questions suivantes **en français**.

> Each one has an introductory sentence or two to get you started.

(a) Tu voudrais te marier un jour? Pourquoi (pas)?

Guided

> À l'avenir je voudrais me marier car ...

(b) À l'avenir, tu voudrais fonder une famille?

> J'aime bien les enfants mais je ne sais pas si je voudrais avoir mes propres enfants immédiatement parce que ...

(c) Tu penses qu'il sera facile de te faire de nouveaux amis à l'avenir?

> Je pense que je suis sociable, alors ...

My ideal partner

2 You hear these three young French people discussing future relationships.

Complete the sentences. Use the correct word or phrase from the box.

> Remember to listen for negatives.

Listen to the recording

| sporty | reliable | rich |
| good looking | funny | chatty |

(a) Mariette would like to meet someone who is .... **(1 mark)**

(b) Richard's ideal partner would be .... **(1 mark)**

(c) Sonya would like to find someone .... **(1 mark)**

Jobs

Picture-based task: Working for a living

1   Look at the photo and answer the questions below **in French**.

(a)   Qu'est-ce qu'il y a sur la photo?

(b)   Ne pas travailler le week-end, c'est important? Pourquoi (pas)?

(c)   Parle-moi d'un travail difficile que tu as fait.

> Make sure that the work you talk about was hard. Remember that you can make something up using vocabulary that you already know!

(d)   [!] Qu'est-ce que tu vas faire pour choisir le métier que tu voudrais faire?

> You will need to listen very carefully to a question like this, as it asks you how you are going to decide on your future job, not just which job you'd like to do.

(e)   [!] Que penses-tu de l'idée d'aller à l'université?

> Parts (d) and (e) will be unexpected questions, so be careful to listen closely when they are asked. Remember that if you do not understand or hear the question, you can ask your teacher to repeat it, but not more than twice.

A working family

2   You hear Christian talking about his family. What does he say? Complete the sentences. Use the correct word or phrase from the box.

> a taxi driver   a chemist   a cook
> ~~an architect~~   a factory worker   an engineer

Listen to the recording

Example: Christian's mother is an architect.

(a)   His father is ....

(b)   His brother is ....

(c)   His sister is ....

(d)   Christian is ....   **(4 marks)**

Part-time jobs

Gagner un peu plus d'argent

1 Vous envoyez une photo par messagerie à votre ami(e) français(e).

Qu'est-ce qu'il y a sur la photo? Écrivez **quatre** phrases **en français**.

1 ....

2 ....

3 ....

4 .... **(8 marks)**

A holiday job

2 Read Karine's account of her part-time job.

> J'habite à Brest, une petite ville au bord de la mer. Je n'aurais jamais pensé que mon petit job cet été allait être si agréable. Tous les matins, j'étais contente d'aller au boulot. Je devais m'occuper des vélos de location et il n'y avait que moi au bureau. Quelle chance!
>
> Les vacanciers avaient l'habitude de louer des vélos tôt le matin et ils ne revenaient que vers six heures du soir, l'heure de fermeture du bureau. Pendant la journée, j'avais peu de travail sauf aux rares moments où il y avait des choses à réparer. Alors, je me faisais bronzer sur la plage qui était à dix mètres ou je bavardais avec les passants. Des fois je les conseillais sur les endroits intéressants à visiter.
>
> En fin de journée je devais laver tous les vélos, ce qui était un peu embêtant. Le seul autre inconvénient, c'est qu'il fallait être gentille et patiente envers tous les enfants, même les petits gâtés, mais heureusement la plupart des enfants étaient assez sages.

Find the correct statements. Write the **five** correct letters in the boxes.

A	Karine always thought her part-time job was going to be pleasant.	☐
B	Karine had to hire bikes to tourists.	☐
C	Karine sometimes had to clean the bikes in the mornings.	☐
D	The tourists usually hired bikes early in the morning.	☐
E	During the day, Karine was not usually very busy.	☐
F	Karine does not seem to know the area well.	
G	Karine never needed to repair the bikes.	
H	Some tourists asked Karine for information on the area.	
I	Karine got on badly with all the children she met.	
J	Karine never got angry, even with children who were unbearable.	

(5 marks)

Opinions about jobs

Working life

1 Valérie, Édouard and Sacha are talking about their mothers.

Who says the following about their mother? Write V (Valérie), E (Édouard) or S (Sacha) in the correct box.

Example: She is always tired.   ☑ V

(a) She works full time.   ☐

(b) Her work is difficult.   ☐

(c) She is always busy.   ☐

(d) She works at home.   ☐   **(4 marks)**

Listen to the recording

Le métier de professeur

2 Lisez ces opinions sur le métier de prof.

C'est qui? Écrivez le nom de la bonne personne.

Être prof, cela vous Intéresserait?	
Alain	Les élèves sont parfois bêtes et souvent impolis.
Berthe	Les profs sont assez bien payés à mon avis.
Dominique	Travailler avec les jeunes, c'est un grand plaisir.
Samuel	Je trouve la plupart des élèves paresseux.
Farah	On aurait beaucoup de vacances.
Molly	Le salaire n'est pas important. Je pense qu'il faut vraiment aimer les ados.
Jasmine	Je ne supporterais pas un principal autoritaire.
Paulette	À mon avis les profs ont trop de travail le soir et le week-end.

(a) En général les élèves ne sont pas travailleurs. ....

(b) Il y a quelquefois des élèves qui se comportent mal. ....

(c) Je ne pourrais pas tolérer un patron strict. ....

(d) On n'a pas assez de temps libre. ....   **(4 marks)**

Workplaces

My job

Listen to the recording

1 These young French people are talking about where they work.

Complete the sentences. Use the correct word or phrase from the box.

hairdresser's salon	chemist's shop	clothes shop
workshop	town hall	hotel reception

(a) Marc works in a ....

(b) Alex has a job in a ....

(c) Jean-Paul has found a job in a ....

(3 marks)

Translation

2 Translate this passage **into English**.

> Ma sœur travaille dans un magasin de vêtements en ville. Elle sert les clients et elle prépare du café pour ses collègues. Elle n'aime pas son emploi parce que c'est assez ennuyeux et qu'elle ne s'entend pas bien avec le patron. Hier elle a dû nettoyer le magasin à la fin de la journée. À l'avenir, elle va chercher un autre emploi dans un centre sportif.

elle a dû – Be careful with the tense here.

journée – Remember that this does not mean 'journey'.

....

....

....

....

....

....

....

....

....

....

....

(9 marks)

Applying for jobs

A job interview

1 Jérôme is being interviewed for a job.

Find the correct statements. Write the **five** letters in the boxes.

A	He has a driving licence.	A
B	His teachers considered him reliable.	☐
C	He has worked in a team before.	☐
D	He is willing to travel.	☐
E	He has experience working on a supermarket checkout.	☐
F	He has worked abroad.	
G	He can start work next week.	
H	He is interested in most sports.	

(5 marks)

Une lettre de candidature

2 Lisez cette lettre de Sophie.

> Madame,
>
> J'ai lu votre annonce sur Internet et je voudrais poser ma candidature pour le poste de secrétaire dans votre école maternelle. Je travaille dans le bureau d'une école primaire depuis cinq ans, mais je dois chercher un nouvel emploi parce que j'ai déménagé il y a un mois et que le trajet est trop long.
>
> Je suis très motivée par le poste que vous proposez. Cela me donnerait la possibilité d'apprendre beaucoup de choses sur la routine journalière dans une maternelle, ce qui m'intéresse car mon propre fils va bientôt arriver à l'âge d'entrée à la maternelle. Je pourrais être flexible pour mes heures de travail et serais prête à faire des heures supplémentaires le week-end si vous en aviez besoin.

Complétez les phrases. Écrivez les bonnes lettres dans les cases.

(a) Sophie a trouvé l'annonce …

A dans un journal.
B à la radio.
C en ligne.

☐

(b) Elle …

A voudrait travailler dans une école primaire.
B travaille dans une école primaire.
C va travailler dans une école primaire.

☐

(c) Elle vient de …

A déménager.
B trouver un poste dans une école maternelle.
C changer d'emploi.

☐

(d) Le fils de Sophie …

A aime aller à la maternelle.
B s'intéresse à la maternelle.
C ira bientôt à la maternelle.

☐

(4 marks)

Future studies

Picture-based task: Going to university

1 Look at the photo and answer the questions below **in French**.

> **Guided**

(a) Qu'est-ce qu'il y a sur la photo?

> Il y a un groupe d'étudiants ...

(b) Quels sont les avantages et les inconvénients d'aller à l'université?

(c) Parle-moi d'un projet scolaire que tu as préparé cette année au collège.

(d) [!] Tu voudrais étudier à l'étranger? Pourquoi (pas)?

(e) [!] Faire un apprentissage, c'est une bonne idée? Pourquoi (pas)?

> Remember to add a reason when you give your opinion.

Translation: A difficult decision

2 Translate this passage **into English**.

> Je ne sais pas si je vais aller à l'université. Mes parents y sont allés et ils ont de bons emplois, mais je ne suis pas aussi travailleur qu'eux. J'aimerais devenir avocat, c'est vrai, et mes profs disent que je suis assez doué, pourtant je pense que je ne pourrais pas supporter le stress. Je vais prendre une année sabbatique et je voyagerai beaucoup, mais néanmoins il faudra enfin que je décide ce que je voudrais faire dans la vie.

> Pay attention to verbs. Look closely at tenses and the subject of verbs so you don't make a careless error when translating.

....

....

....

....

....

....

....

....   **(9 marks)**

Future professions

Les métiers de l'informatique

1   Lisez ce texte.

> Les diplômés en informatique ont du mal à trouver du travail. La croissance de l'informatique a ralenti et il n'y a plus assez d'emplois dans le domaine technique. Les informaticiens doivent être plus spécialisés grâce au développement des téléphones intelligents et des tablettes. On ne peut plus tout apprendre à l'université, donc il faut s'adapter rapidement à de nouveaux outils. Certains sont capables de mieux analyser les besoins de leurs clients avant de concevoir leurs systèmes informatiques. Cela fait d'eux de meilleurs chefs d'équipe et ils réussissent dans leur profession.
>
> Chose bizarre, au Canada on manque d'informaticiens, alors si vous êtes au chômage, mais diplômé en informatique, pourquoi ne pas envoyer un e-mail aux entreprises canadiennes?

Trouvez les **quatre** phrases correctes. Écrivez les bonnes lettres dans les cases.

A	Les diplômés en informatique peuvent facilement trouver du travail.	☐
B	Il y avait plus d'emplois pour les diplômés en informatique.	☐
C	Il y a plus de chômage au Canada.	☐
D	On peut tout apprendre sur l'informatique à l'université.	☐
E	Il faut se spécialiser pour trouver un emploi en informatique.	
F	Si on sait analyser les besoins des clients, on peut réussir.	
G	Les universités canadiennes n'offrent pas de cours en informatique.	
H	On n'a pas assez d'informaticiens au Canada.	

(4 marks)

Future jobs

2   These three French teenagers are discussing future jobs.

What jobs are mentioned?

Listen to the recording and write the correct letters in the boxes.

Listen to the recording

A	lorry driver	☐
B	teacher	☐
C	doctor	☐
D	nurse	
E	driver	
F	plumber	

(3 marks)

Future intentions

Mes projets de voyage

1   Traduisez le passage suivant **en français**.

> People say that I like travelling very much. I have already visited several countries in Europe and next summer I'm going to spend a month in Canada with my family. My dream would be to go to the USA as I am interested in American history. If I save enough money, I'll be able to stay in a five-star hotel in New York.

> 'travelling' – This will be an infinitive in French.

> As 'Canada' is masculine in French, which word translates 'in'?

> 'to the USA' – This is plural in French, so which word translates 'to'?

> 'interested' – The phrase 'to be interested in' is *s'intéresser à*.

> 'to stay' – Use *loger*.

> 'five-star' – This will come after the word for 'hotel' in French.

> As New York is a city, which word translates 'in'?

....

....

....

....

....

....

....

....

....

(12 marks)

Les voyages futurs

2   Écoutez Yannick qui parle de ses futurs voyages.

Mettez les bonnes lettres dans les cases.

Listen to the recording

(a)   Yannick voudrait aller …

A	en Espagne.
B	aux États-Unis.
C	en Angleterre.

☐

(b)   Il aimerait loger …

A	dans un hôtel chic et cher.
B	dans un petit hôtel simple et sympa.
C	dans un grand hôtel moderne.

☐

(c)   Il n'aimerait pas …

A	voyager en avion.
B	visiter un pays trop froid.
C	manger des plats épicés.

☐

(3 marks)

Articles 1

> To say 'the' in French you use *le, la, l'* or *les* in front of the noun. Remember that in French every noun has a gender. Objects are either masculine (m) or feminine (f) and are singular or plural.

A Put in the correct word for 'the' (*le, la, l', les*) in front of these nouns.
They are all places around a town.

Example: banque (f) La banque

1 .... commerces (pl)	5 .... cinémas (pl)	9 .... rues (pl)
2 .... pharmacie (f)	6 .... bowling (m)	10 .... appartement (m)
3 .... toilettes (pl)	7 .... gare (f)	
4 .... hôtel (m)	8 .... parking (m)	

B Here is a list of animals. Put the correct word for 'the' in front of the noun.

1 .... chienne (f)	5 .... tortue (f)	9 .... mouche (f)
2 .... serpents (pl)	6 .... éléphant (m)	10 .... cochons d'Inde (pl)
3 .... araignée (f)	7 .... poissons (pl)	11 .... grenouille (f)
4 .... chat (m)	8 .... canard (m)	12 .... singe (m)

> To say 'a' or 'an' in French, you use *un* or *une* depending on whether the noun is masculine or feminine.

C Show that you understand when to put *un* or *une* in front of these parts of a house.

1 .... salon (m)	4 .... chambre (f)	7 .... salle à manger (f)
2 .... salle de bains (f)	5 .... sous-sol (m)	
3 .... jardin (m)	6 .... cuisine (f)	

D Fill in the gaps in this table, paying attention to the articles: *un, une, des, le, la, l', les*.

Singular	Plural
	les chiens
un château	
l'animal	
	des voitures
le nez	
le bateau	
un hôtel	
l'arbre	les arbres
	des pages
	les eaux
une araignée	
	les destinations

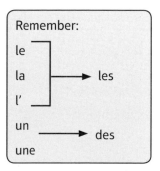

Remember:

le
la ——→ les
l'
un ——→ des
une

Articles 2

> If you want to say 'some' or 'any' in French, you use the partitive article *du*, *de la*, *des* or *de l'*, depending on the gender of the noun you are talking about.

A Put the correct word for 'some' in front of these nouns. Pay attention to the gender given in brackets.

Example: farine (f)   de la farine (some flour)

1 .... œufs (pl)
2 .... confiture (f)
3 .... pain (m)
4 .... haricots verts (pl)

5 .... eau minérale (f)
6 .... jambon (m)
7 .... frites (pl)
8 .... crème (f)

9 .... huile (f)
10 .... riz (m)

B Fill in the gaps below, using *du*, *de la*, *des*, *de l'* in order to ask your friend if they want any of the items:

Tu veux des pâtes, ... abricots, ... fromage, ... chocolat, ... olives, ... porc, ... pommes de terre, ... ketchup, ... ananas, ... potage, ... œufs, ... sel et .... poivre?

C Unfortunately, you have nothing left to eat in the house. Using the example below, answer the following questions, then translate into English.

> Always use *de* after a negative in French to say 'some' or 'any'.

Example: Tu as des pommes? Je n'ai pas de pommes. I don't have any apples.

1 Tu as de l'argent? ....
2 Tu as du pain? ....
3 Tu as des céréales? ....
4 Tu as de la pizza? ....

D Re-read all the rules and fill in the gaps with *du*, *de la*, *de l'*, *des* or *de*.

Tu as .... fruits et .... légumes? Oui, j'ai .... fruits mais je n'ai pas .... légumes. Par exemple, j'ai .... pêches et .... cerises mais je n'ai pas .... carottes ni .... pommes de terre. Cependant, j'ai .... pain et .... Nutella, donc on peut manger .... sandwichs.

> You use *au*, *à la*, *à l'* or *aux* to translate 'to the'.

E Using *au*, *à la*, *à l'* or *aux*, fill in the gaps to tell your friend where you are going in town this afternoon.

Example: Je vais au cinéma.

1 Je vais .... patinoire.
2 Je vais .... crêperie.
3 Je vais .... théâtre.

4 Je vais .... hôtel de ville.
5 Je vais .... magasins.
6 Je vais .... café-tabac.

F Say what part of the house you are going to, using *Je vais au*, *à la*, *à l'*, *aux* …

1 .... salon
2 .... cuisine
3 .... salle de bains
4 .... chambres
5 .... salle de jeux
6 .... jardin

7 .... atelier
8 .... grenier
9 .... cave
10 .... entrée
11 .... garage
12 .... salle à manger

Adjectives

Adjectives are used to describe nouns. Remember that in French you need to ensure they have the correct endings depending on whether the noun is masculine, feminine, singular or plural.

A Circle the correct form of the adjectives.

1 Ma mère est petit / petite.
2 Mon père est grand / grande.
3 Ma maison est beau / belle.
4 Mon chat est noir / noire.
5 Elle est heureux / heureuse.
6 Les fenêtres sont chère / chères.

B Using the adjectives in the box, complete the sentences below. Don't forget to change them to the feminine or plural form where necessary.

1 Mon chien est .... (sad)
2 Mes crayons sont .... (white)
3 Ma mère est .... (intelligent)
4 Mes frères sont .... (shy)
5 Mes sœurs sont .... (fat)
6 Ma chatte est très .... (cute)

| gros |
| blanc |
| timide |
| mignon |
| triste |
| intelligent |

C Complete this table with all the different forms of the adjectives.

masc. sing.	fem. sing.	masc. plural	fem. plural	English
grand	grande		grandes	big / tall
	petite			
noir		noirs		
	neuve		neuves	
		derniers		last
marron		marron		
triste		tristes		sad
sérieux		sérieux		
	gentille		gentilles	kind
	sèche	secs		
drôle		drôles		funny
	vieille		vieilles	old
	belle	beaux		
ancien		anciens		ancient
blanc		blancs		white
	sportive		sportives	

D Make sentences that use the adjectives in **C** above. Make sure they have the correct form and are in the correct position.

Example: J'ai deux chattes (grand, noir) *J'ai deux grandes chattes noires.*

1 Elle a des yeux (beau, bleu). ....
2 Les fleurs (meilleur, jaune). ....
3 Mes baskets (vieux, blanc). ....
4 Mes parents (pauvre, malade). ....

Most adjectives come *after* the noun but some come *before*, e.g. *grand*.

Possessives

> To say something is 'my', 'your', 'his', etc, you use a possessive adjective e.g. *mon, ma, mes*.

A 1 Choose *mon, ma* or *mes* to fill in the gaps.

Dans ma famille, il y a .... père, ... mère, ... sœur et .... deux frères. ....
grand-mère vient souvent nous rendre visite avec .... grand-père. .... amie adore ....
grands-parents et elle vient jouer avec toutes .... affaires quand ils sont là.

2 Use *son / sa / ses* to fill in the gaps.

Dans sa chambre, elle a .... lit, ... livres, ... bureau, ... télévision, ...
bijoux, ... téléphone et .... nounours.

3 Use *notre / notre / nos* to translate 'our' or *votre / votre / vos* to translate 'your'.

Dans notre collège, nous avons .... professeurs, ... bibliothèque,
.... cantine, et .... terrain de sport. Et vous, qu'est-ce que vous avez dans
.... collège et dans .... salles de classe? Vous avez .... tableaux
blancs interactifs et .... gymnase?

4 Your teacher asks you questions about yourself. Insert the correct word for 'your'.

    (a) Comment s'appellent .... père et .... mère?

    (b) Qu'est-ce que tu achètes avec .... argent?

    (c) C'est quand .... anniversaire?

    (d) Qu'est-ce qu'il y a dans .... ville ou .... village?

5 How would you talk about what they have in **their** village?

Dans leur village, ils ont .... mairie, ... cinémas, ...
pharmacie, ... boulangerie, ... cafés, ... parcs, ...
hôpital, ... école et tous .... petits commerces.

B How many grammatically correct but silly sentences can you make from this table?

mon / ma / mes	fromage	est	très	jaune(s)
ton / ta / tes	copines	n'est pas	assez	honnête(s)
son / sa / ses	vélo	sont		moderne(s)
notre / nos	gâteaux	ne sont pas		grand(e)(s)
votre / vos	football			timide(s)
leur / leurs	photos			romantique(s)

....

....

....

....

C These clothes all belong to you. Say so!

Example: La chemise? C'est la mienne!

1 Les pulls? Ce sont ....

2 Les jupes? Ce sont ....

3 Le jogging? C'est ....

> To say something is 'mine', use *le, la* or *les + mien(ne)(s)*.
> For example: *La chemise, c'est la mienne.*

Comparisons

> Use the comparative form of the adjective to say 'more than' or 'less than':
>
> *plus* + adjective + *que* or *moins* + adjective + *que*
>
> Use the superlative form of the adjective to say 'the most' or 'the least':
>
> *le / la / les* + *plus / moins* + adjective
>
> The adjective ending must agree with the noun it refers to.

A Work out who is the most and the least intelligent, Marie, Lydie or Paul.

Marie est intelligente.

Marie est plus intelligente que Paul.

Paul est moins intelligent que Lydie.

Lydie est plus intelligente que Marie.

Paul n'est pas aussi intelligent que Marie.

Qui est le/la plus intelligent(e)? ....

Qui est le/la moins intelligent(e)? ....

B Using the grades below, make up four sentences about how these students compare in each subject.

Example: En anglais, Anna est meilleure qu'Antoine.

	Antoine	Anna	
Anglais	D	B	....
Français	A	C	....
Géo	C	E	....
Dessin	B	A*	....

C Put each of these sentences in the correct order, then translate them.

Example: est que courte plus jupe Ma jupe ta Ma jupe est plus courte que ta jupe.

My skirt is shorter than your skirt.

1 aussi est Sara grand Philippe que ....

2 maths que plus musique Les difficiles sont la ....

3 Les moins sont les sains fruits bonbons que ....

4 Une est moins un confortable cravate qu' jogging ....

5 l' chimie que est intéressante aussi anglais La ....

D Use the adjective given, with *le / la / les plus* to make a superlative sentence. Make sure the adjective matches the noun.

Example: Le TGV est le train … (rapide) Le TGV est le train le plus rapide.

1 Les kiwis sont les fruits … (sain) ....

2 L'hiver est la saison … (froid) ....

3 Londres est … (grand) ville d'Angleterre. ....

Now use the adjective given, with *le / la / les moins* to say 'the least'.

Example: Voilà la cathédrale … (traditionnel) Voilà la cathédrale la moins traditionnelle.

4 Où sont les garçons … (actif)? ....

5 Je prends les vêtements … (long) ....

6 J'habite dans la région … (industriel) ....

Other adjectives and pronouns

A Say which clothes you are going to wear on holiday, using *ce*, *cet*, *cette* or *ces*.

Je vais porter ...

> ce = this (m)
> cet = this (in front of a masculine noun beginning with a vowel)
> cette = this (f)
> ces = these (plu)

Example: pull *ce pull*

1 pantalon ....

2 imperméable ....

3 robe ....

4 baskets ....

5 anorak ....

6 sandales ....

7 chaussettes ....

8 jupe ....

B Say you always prefer the one(s) on the left, using *celui*, *celle*, *ceux* or *celles*.

(You get a clue to the gender by looking at the spelling of 'which' at the beginning.)

> celui (m) / celle (f) = the one
> ceux (m) / celles (f) = those

Example: Quelle jupe préfères-tu?   Je préfère *celle* à gauche.

1 Quel livre préfères-tu?   Je préfère .... à gauche.

2 Quels garçons préfères-tu?   Je préfère .... à gauche.

3 Quelle salle préfères-tu?   Je préfère .... à gauche.

4 Quelles cartes postales préfères-tu?   Je préfère .... à gauche.

C Complete the question by asking your friend if they prefer this one here, that one there, these or those.

> You add on -ci when you want to say 'here'.
> You add -là when you want to say 'there'.

Example: Quels bateaux préfères-tu? *Ceux-ci ou ceux-là?*

1 Quel stylo préfères-tu? ....

2 Quelle station balnéaire préfères-tu? ....

3 Quelles ceintures préfères-tu? ....

4 Quels hôtels préfères-tu? ....

D You don't hear what they say, so you have to ask your friend which one(s) they prefer yet again.

Use *lequel*, *laquelle*, *lesquels* or *lesquelles* to repeat each question in exercise C.

> lequel (m) / laquelle (f) = which one?

Example: Quels bateaux préfères-tu? *Lesquels?*

1 Quel stylo préfères-tu? ....

2 Quelle station balnéaire préfères-tu? ....

3 Quelles ceintures préfères-tu? ....

4 Quels hôtels préfères-tu? ....

E Fill in the missing words as shown in the example.

Example: Quel appartement préfères-tu? Celui-ci ou celui-là? Lequel?

1 .... cuisine préfères-tu? Celle-ci ou .... ? Laquelle?

2 Quelles cravates préfères-tu? .... ou celles-là? .... ?

3 .... jardin préfères-tu? .... ou

.... ? Lequel?

4 .... gants préfères-tu? .... ou

.... ? .... ?

Adverbs

Adverbs are used to describe the verb. In French a lot of adverbs end in *-ment*.

A Form adverbs from these adjectives.

Example: heureux heureusement

1 doux ....
2 naturel ....
3 absolu ....
4 général ....

5 attentif ....
6 vrai ....
7 lent ....
8 gentil ....

B Underline all the adverbs in this paragraph, then translate it. Use the English translations in the box if you are stuck.

| first |
| often |
| then |
| finally |
| in the future |

Le matin, <u>d'abord</u>, je me lève à sept heures, puis d'habitude je prends mon petit déjeuner. Ensuite, je quitte la maison et finalement j'arrive au collège à huit heures et demie. Mais c'est souvent trop tôt. Alors, à l'avenir, je vais rester au lit plus longtemps.

In the morning, ...

....

....

C Fill in the gaps from this passage with the best adverb from the box. There may be more than one answer. The first letter of the adverb has been given for you.

absolument, d'abord, de temps en temps, ~~généralement~~, par conséquent, régulièrement, sans doute, seulement, souvent, toujours, vraiment

Généralement je vais en France avec mes parents et mon petit frère pour les grandes

vacances. S...................... mes grands-parents viennent avec nous, et d'......................

c'est v...................... pratique car ils font r...................... du baby-sitting. Cependant,

de ...., ils se sentent v...................... fatigués et ils ne sont pas

t...................... confortables. P...................... ils ne viendront pas l'année prochaine.

À l'avenir, ils viendront s...................... s'ils sont a...................... en bonne forme!

D Complete these sentences using adverbs from the box.

Example: Je conduis (always) très (carefully).

Je conduis toujours très attentivement.

1 (Usually) il fait la vaisselle (straight away).

....

2 (From time to time) elle écoute de la musique (quietly).

....

3 Ma valise? (Naturally) j'avais laissé mes vêtements (inside).

....

| ~~attentivement~~ |
| d'habitude |
| ~~toujours~~ |
| doucement |
| dedans |
| tout de suite |
| naturellement |
| de temps en temps |

E Write four sentences of your own with at least one adverb in each.

....

....

....

....

91

Object pronouns

> Direct object pronouns are words like 'it', 'me', 'him', 'us', etc. You use them when you don't want to keep repeating a noun or a name.

A Translate these sentences.

Example: Il me regarde. *He watches me.*

1 Nous te voyons. ....
2 Tu le connais? ....
3 Je veux la voir. ....

4 Vous nous rencontrez. ....
5 Elle vous oubliera. ....
6 Je les perdrai. ....

> You use **indirect** object pronouns to replace a noun which has *à* (*au*, *aux*, etc) in front of it.

B Translate the following sentences. Notice that in English we sometimes omit the 'to'.

Example: Il me donne un billet. *He gives me a ticket. / He gives a ticket to me.*

1 Je te passe mes bonbons. ....
2 Ne lui dis pas la vérité. ....
3 Nous lui offrirons un bateau. ....
4 Il va nous envoyer un cadeau. ....
5 Tu leur raconteras l'histoire. ....

> Translate 'him' and 'her' as *lui* and 'them' as *leur*.

C Put the words in the correct order to answer the question.

Example: Tu aimes les pommes? je beaucoup aime les Oui *Oui, je les aime beaucoup.*

1 Vous comprenez le professeur?   le souvent comprenons Nous
....

2 Elle aime les sports nautiques?   pas aime Elle ne du tout les
....

3 Tu vas vendre ton vélo?   vendre vais le Oui je demain
....

4 Il veut acheter la maison?   veut pas il acheter ne Non l'
....

D Replace the underlined noun with a pronoun and move it to the correct position in the sentence.

Example: J'ai mangé <u>le gâteau</u>. *Je l'ai mangé.*

1 Il cherche <u>les clefs</u>. ....
2 Nous envoyons un cadeau à <u>Jeanne</u>. ....
3 Il a donné des bonbons aux <u>enfants</u>. ....
4 Tu as téléphoné à <u>tes amis</u>? ....
5 Elle dit toujours <u>la vérité</u> à papa. ....

E Complete the following sentences.

Example: I'm sending it to you. Je *vous* l'envoie.

1 She offered them to us. Elle .... a offerts.
2 Don't sell them to him/her! Ne .... vends pas!
3 I am going to pass it (m) to you. Je vais .... passer.
4 He gave them to you on Saturday. Il .... a donnés samedi.

More pronouns: y and *en*

You use *y* to refer to a place which has already been mentioned. It often means 'there': *Il adore **Paris**. Il **y** est allé hier.* You also use it with verbs that take *à*.

A Replace the nouns with the pronoun *y*.

Example: Tu vas **au cinéma** ce soir? Tu y vas ce soir?

1 Il va habiter **au Canada**. ....

2 Elle a vu ses amis **en France**. ....

3 Vous jouez **au tennis**? ....

4 Je suis arrivé **au collège** avant les autres. ....

5 Tu es allée **au travail** ce matin? ....

You use *en* to replace a noun. It often means 'of it', 'of them' or 'some': *J'aime **le chocolat**. J'**en** mange beaucoup.*

B Unjumble these sentences with *en* in order to answer the questions.

Example: Tu as de l'argent?   ai j' Oui en Oui j'en ai

1 Tu fais beaucoup de sport?   en beaucoup J' fais ....

2 Elle fait du ski?   pas en fait n'Elle ....

3 Vous avez deux frères?   trois ai Non en j' ....

4 Ils mangent de la pizza tous les jours?   les en samedis Ils tous mangent ....

5 Il y a des bouteilles dans la cave?   y en Il a plusieurs ....

C Replace the nouns in brackets with either *y* or *en*.

> Using pronouns makes your work more interesting and for your GCSE, if you are aiming for higher grades, you should try and use them.

1 Je vais [au restaurant] de temps en temps.

....

2 J'adore les fruits et je mange beaucoup [de fruits].

....

3 Ma faiblesse, c'est le chocolat, mais je ne mange jamais [de chocolat] parce que je ne veux pas grossir.

....

4 Je suis allé [au théâtre] la semaine dernière, avec mon frère.

....

5 On va au concert ce soir. Tu veux aller [au concert]?

....

6 Moi, j'adore le poulet, mais mon frère ne mange pas [de poulet] parce qu'il est végétarien.

....

Other pronouns

Relative pronouns are used when you want to link statements together to avoid repetition and to make your French more fluent.

A Fill in the gaps with *qui* (followed by a verb), or *que / qu'* (followed by a subject / person).

Example: C'est le bruit que je n'aime pas.

1 Le repas .... j'ai pris était excellent.

2 C'est Claude .... est le plus beau.

3 Ce sont mes parents .... adorent la viande.

4 Voilà le chapeau .... il a perdu.

5 Où sont les robes .... sont déchirées?

6 L'église .... j'ai visitée était vieille.

7 L'homme .... monte dans le train est gros.

8 Ma copine .... s'appelle Mathilde a seize ans.

9 Quel est le film .... tu veux voir?

> *Qui* means 'which', 'who' or 'that' and replaces the subject in a sentence. *Que* means 'whom', 'which' or 'that' and replaces the object in the sentence.

> *Dont* replaces 'whose' or 'of whom / which'. For example:
> *Je veux voir le film **dont** j'ai vu la bande-annonce.*
> I want to see the film whose trailer I saw.

B Translate the following sentences carefully once you have inserted *dont*.

Example: La personne dont je parlais n'est plus là.

The person I was talking about is no longer there.

1 La vie .... vous rêvez n'existe pas.

....

2 Les papiers .... j'ai besoin sont dans le tiroir.

....

3 Je ne connais pas la maladie .... tu souffres.

....

4 Ce garçon .... je te parlais a quitté le collège.

....

C Which would you use: *y, en, où, qui, que* or *dont*? Insert the correct pronoun and translate into English.

1 Le repas .... nous avons mangé était excellent.

....

2 Le stylo .... vous avez besoin est cassé.

....

3 Des bonbons? J'................ ai mangé beaucoup.

....

4 Le café .... je vais le samedi est fermé.

....

5 Le cinéma Gaumont? J'................ suis allée pour voir *Amélie*.

....

Present tense: -er verbs

A Give the *je*, *nous* and *ils* forms of each of these verbs.

Verb	je (j')	nous	ils
aimer	j'aime	nous aimons	ils aiment
jouer			
habiter			
regarder			
donner			
inviter			
marcher			
trouver			
voler			
garder			

B Use the verbs above to write how you would say:

Example: he likes il aime

1 you (pl) keep ....

2 she invites ....

3 you (sing) live ....

4 we find ....

5 he looks at ....

6 you (pl) walk ....

7 you (sing) give ....

8 she steals ....

9 he plays ....

10 they look at ....

> Although the verbs below are -*er* verbs, they are slightly irregular in that the spelling often changes. For example, *manger* becomes *mangeons* in the *nous* form.

C Put the verbs in brackets in the correct form and watch out for the spelling.

-ger verbs

1 ils (ranger) ....

2 nous (plonger) ....

3 nous (nager) ....

4 je (manger) ....

-ler / -ter verbs

1 je (s'appeler) ....

2 ils (jeter) ....

3 nous (se rappeler) ....

4 elle (projeter) ....

-yer verbs

5 tu (envoyer) ....

6 vous (payer) ....

7 j' (essayer) ....

8 nous (nettoyer) ....

acheter-type verbs

5 tu (acheter) ....

6 elles (préférer) ....

7 vous (se lever) ....

8 il (geler) ....

D Fill in the correct part of the verb in these questions and translate them.

Example: Tu (parler) français? Tu parles français?... Do you speak French?

1 Ils (habiter) en France? ....

2 Marie (ranger) sa chambre? ....

3 Vous (préférer) les sciences? ....

4 Les sœurs (jeter) les fruits? ....

5 Mon copain et moi (acheter) des frites? ....

Present tense: *-ir* and *-re* verbs

-ir and *-re* verbs are another set of verbs which follow a regular pattern. It is important to learn the most common verbs.

A What do these *-ir* verbs mean? Match the English to the French.

choisir	to warn
ralentir	to slow down
réfléchir	to punish
rougir	to finish
finir	to blush
atterrir	to reflect / think about
punir	to land
avertir	to choose

> Remember, both *-ir* and *-re* verbs can be either regular or irregular. Be careful to learn how each group behaves (*Revision Guide* page 96). On this page, the **irregular** verbs have stars. Keep them separate in your vocabulary lists to help you remember which is which.

B Fill in the gaps in this table. (The verbs are irregular.)

	dormir*	sortir*
je		sors
tu	dors	
il/elle		sort
nous		
vous		sortez
ils/elles	dorment	

> Be careful, many of the regular *-ir* verbs, such as *choisir* and *finir*, add *-is*, *-is*, *-it*, *-issons*, *-issez*, *-issent*.

C Put the correct ending on these *-ir* verbs to make them match their subjects.

Example: Ils (avertir) les garçons. Ils avertissent les garçons.

1 L'ami (choisir) un cadeau. ....

2 Vous (courir*) aux magasins. ....

3 Nous (finir) nos devoirs. ....

4 Je (remplir) le verre de vin. ....

D Complete the table below.

	vendre	prendre*	dire*
je			
tu	vends		
il/elle			
nous		prenons	disons
vous		prenez	
ils/elles	vendent		

E Give the correct present tense of the verb in brackets.

1 nous (vendre) ....

2 ils (répondre) ....

3 je (descendre) ....

4 tu (prendre*) ....

5 vous (boire*) ....

6 elle (lire*) ....

7 j' (écrire*) ....

8 il (comprendre*) ....

Avoir and *être*

A Give the correct part of *avoir* in these sentences.

Example: Tu as un frère?

1 Elle .... un hamster.
2 J'............... les cheveux blonds.
3 Ils .... une grande maison.
4 Il .... onze ans.
5 Nous .... un petit gymnase.

6 Vous .... un beau chien.
7 Ma sœur .... une jupe rouge.
8 Les filles .... un piercing.
9 Tu .... deux guitares.
10 Vous .... une nouvelle maison.

B Translate the following sentences into French.

Example: We have a house in Angers.   Nous avons une maison à Angers.

1 They have a dog and three hamsters. ....
2 Do you (sing) have a sister? ....
3 She has black hair. ....
4 We have a big kitchen. ....
5 I have three children. ....
6 I am sixteen years old. ....
7 He has a car. ....

C Fill in the gaps with the correct part of *être*.

Example: Il est très amusant.

1 Je .... français.
2 Nous .... paresseux.
3 Ma tante .... assez petite.
4 Vous .... sportif mais timide.
5 Mes yeux .... bleus.

6 Tu .... célibataire?
7 Les chiens .... mignons.
8 Je .... au chômage.
9 Nous .... mariés.
10 Il .... paresseux.

D Write six sentences using *être* or *avoir* and words from the grid below.

Je	maison	bouclés	petit
Tu	yeux	bleu	professeur
L'homme	grand	amusant	court
Nos chiens	mariés	cheveux	piercing
Vos parents	rouge	voiture	marron
Les filles	triste	long	gros

....

....

....

....

....

Remember, when you are using the verb *être* you need to make sure the adjective agrees with the noun!

Reflexive verbs

A Add the correct reflexive pronoun to this verse, do the actions, then try and learn it.

Je .... lève.

Tu .... laves.

Il .... brosse les dents.

Je .... habille et après je prends mon petit déjeuner.

> **se laver – to wash oneself**
> je me lave
> tu te laves
> il/elle/on se lave
> nous nous lavons
> vous vous lavez
> ils/elles se lavent

B Add the correct reflexive pronoun.

Mes parents se réveillent tôt le matin. Je .... appelle Lydie. Le matin

je .... réveille à 7 heures et demie mais je ne .... lève pas tout de suite.

Normalement ma sœur .... lève à 8 heures. Nous .... lavons dans la salle de

bains et nous .... habillons vite. Après le petit déjeuner, nous .... dépêchons

de prendre le bus pour aller au collège. On .... approche du collège et on est très

contentes.

Vous .... amusez bien à votre collège?

C Write the numbers of these sentences in the correct order to match your morning routine.

1 Je me douche et je m'habille.

2 Je me réveille et je me lève.

3 J'arrive au collège et je m'amuse bien.

4 Je me dépêche pour prendre mon petit déjeuner et quitter la maison.

....

D Complete the table with verbs in the present and perfect tense. Remember to use *être* with reflexive verbs.

Present	Perfect
1 je	je me suis reposé(e)
2 elle se douche	elle ....
3 nous	nous nous sommes amusé(e)s
4 elles s'étonnent	elles ....
5 vous	vous vous êtes dépêché(e)(s)

E Circle the correct part of the verb to complete the sentence.

1 Je me *est / suis / es* reposée à 8 heures ce matin.

2 Nous nous *êtes / sont / sommes* dépêchés d'aller au match.

3 Ma sœur ne s'est pas *douché / douchée / douchées* hier soir.

4 Mes deux frères se *ont / sont / était* bien entendus en vacances.

5 Vous vous êtes *couchée / couchés / couché* tôt samedi, mes amis?

6 Les garçons se sont *disputé / disputées / disputés*.

Other important verbs

The verbs *devoir* (to have to / must), *pouvoir* (to be able to / can), *vouloir* (to want to) and *savoir* (to know) are known as **modal verbs**.

A Complete this table with the correct part of the modal verb.

	devoir	pouvoir	vouloir	savoir
je	dois			sais
tu		peux		
il/elle/on			veut	
nous	devons			savons
vous			voulez	
ils/elles		peuvent		

B Rearrange the words to make correct sentences.

Example: la dois prendre Je première rue *Je dois prendre la première rue.*

1 mon -vous Pouvez père aider? ....

2 nager -tu Sais? ....

3 maison acheter parents une veulent Mes nouvelle ....

....

4 s'arrêter feux On toujours doit aux rouges ....

....

5 moi avec ce Voulez danser soir -vous? ....

....

6 sais allemand français Je et parler ....

C Change the verb to match the new subject given in italics.

Example: Il doit travailler dur et moi aussi, *je* dois travailler dur.

1 Elle veut trouver une chambre avec un balcon et nous aussi, *nous* ....

2 Les élèves peuvent louer un vélo et toi aussi, *tu* ....

3 Le pilote doit tout vérifier et vous aussi, *vous* ....

4 Elle sait faire la cuisine, et eux aussi, *ils* ....

5 Je peux faire un pique-nique et elles aussi, *elles* ....

6 Il ne peut jamais comprendre les règles et vous non plus, *vous* ....

7 Nous savons préparer le dîner et moi aussi, *je* ....

D Make up six sentences about school from this table.

	(ne) doit (pas)	manger en classe.
		porter ses propres vêtements.
	(ne) peut (pas)	courir dans les couloirs.
On		répondre aux professeurs.
	(ne) veut (pas)	dormir en classe.
		lancer les cahiers en l'air.
	(ne) sait (pas)	faire des piercings aux autres élèves.
		envoyer des textos.

The perfect tense 1

> You use the perfect tense to talk about single events in the past. It is formed by using the present tense of *avoir* + past participle.

A Create your own sentences using a word or words from each column.

J'ai	fini	le gâteau
Tu as	détesté	le bateau
Il a	vendu	les devoirs
Elle a	regardé	l'argent
Nous avons	lavé	la maison
Vous avez	attendu	l'autobus
Ils ont	choisi	les chiens
Elles ont	perdu	le pain

....

....

....

....

....

....

....

....

B Add the correct part of *avoir* to complete these sentences.

Example: J'ai regardé la télé samedi soir.

1 Mme Blanc .... invité sa copine au match.

2 Vous .... terminé le repas?

3 Ils .... fumé une cigarette.

4 Il .... beaucoup neigé ce matin.

5 Tu n'................ pas mangé de légumes?

6 Nous .... choisi un bon restaurant.

7 Elle n'................ pas rougi.

8 Ils .... atterri à l'aéroport d'Orly.

9 J'................ rendu visite à ma tante.

10 Nous n'................ pas entendu.

C Did you notice the position of the *ne ... pas* in exercise B to say that they did **not** do something? Using the table in exercise A to help you, how would you say the following?

Example: You (sing) did not sell the house. Tu n'as pas vendu la maison.

1 We did not lose the money. ....

2 They did not wash the bus. ....

3 You (pl) did not wait for the dogs. ....

4 I did not finish the bread. ....

5 She did not sell the boat. ....

6 He did not hate the homework. ....

D Revise the irregular past participles, then fill in the gaps in these sentences.

Example: Il a vu la voiture. (voir)

1 J'ai .... le pique-nique par terre. (mettre)

2 Elle a .... à son frère. (écrire)

3 Tu n'as rien .... au collège? (faire)

4 Il n'a pas .... ma lettre. (lire)

5 Nous avons .... acheter une Renault. (pouvoir)

E Complete these sentences with the correct part of *avoir* and the past participle of the verb given.

1 J'................ la situation. (comprendre)

2 Il .... de rentrer vite. (promettre)

3 Tu .... un taxi à la gare? (prendre)

4 Qu'est-ce que tu ....? (faire)

The perfect tense 2

> The perfect tense can also be formed using the verb *être* + past participle, when the verb is reflexive and with 14 verbs of movement.

A Add the correct part of the verb *être* to complete these sentences. See *Revision Guide* page 101.

Example: Tu *es* né en 2000?

1 Elle .... tombée.

2 Mes copains .... arrivés trop tard.

3 Les chats .... montés sur le toit.

4 Marie n'................ pas descendue vite.

5 Mme Lebrun .... allée à la piscine.

6 Vous .... retournés en France?

7 Je ne .... pas parti tôt.

8 Elles .... mortes l'année dernière.

B Make the past participle match the subject of these *être* verbs, by adding agreements (-, *-e*, *-s*, *-es*) to those that need it.

Example: Mes cousines sont (resté) à l'hôtel. Mes cousines sont rest*ées* à l'hôtel.

1 Élise est arrivé......... à 11 heures.

2 Jim est mort......... il y a 20 ans.

3 Nous sommes entré........., tous les garçons, dans l'épicerie.

4 Marie n'est rentré......... qu'à minuit.

5 Mes stylos ne sont pas tombé.........

6 Il est sorti......... avec sa sœur jumelle.

C Complete the sentences.

Example: Je suis allé au collège et elle aussi, elle *est allée au collège.*

1 Tu es monté très vite et les filles aussi, elles ....

2 Les vendeurs sont arrivés et moi aussi, je ....

3 Nous ne sommes pas tombés et eux non plus, ils ....

4 Monsieur Dasse est mort et sa femme aussi, elle ....

D Complete this table to show a reflexive verb in the perfect tense.

je	me	suis	lavé
tu		es	
il			
elle			lavée
nous		sommes	
vous			
ils	se		lavés
elles			

Reflexive pronouns:
me	nous
te	vous
se	se

E Form the perfect tense of these reflexive verbs.

Example: Nous (se promener) *Nous nous sommes promenés.*

1 Ils (se coucher) ....

2 Elle (s'ennuyer) ....

3 Vous (se disputer) ....

4 Je (s'endormir) ....

The imperfect tense

The imperfect is another tense that you use to talk about the past. You use it to describe what happened over a period of time, what something was like and ongoing actions which were interrupted.

A Give the imperfect (*je*, *nous* and *ils* forms) of these verbs.

1	jouer	**je jouais**	**nous jouions**	**ils jouaient**
2	finir	**je finissais**	**nous finissions**	**ils finissaient**
3	perdre	....	....	....
4	avoir	....	....	....
5	être	....	....	....
6	boire	....	....	....
7	aller	....	....	....
8	partir	....	....	....
9	faire	....	....	....
10	lire	....	....	....
11	savoir	....	....	....
12	prendre	....	....	....

B Change the ending of the imperfect tense to match the new subject.

Example: Il fumait et nous aussi, nous fumions.

1 J'attendais et elle aussi, elle ....

2 Vous écriviez et eux aussi, ils ....

3 Tu dormais et le chien aussi, il ....

4 Mes parents regardaient et moi aussi, je ....

5 Mon ami était poli et mes sœurs aussi, elles ....

> All verbs except *être* are regular in the imperfect tense.
> **1** Take the *nous* form of the present tense and take off the *-ons* ending: *nous habit(ons)*.
> **2** Add the imperfect endings:
> | | |
> |---|---|
> | *j'habitais* | *nous habitions* |
> | *tu habitais* | *vous habitiez* |
> | *il/elle habitait* | *ils/elles habitaient* |

C Put the verbs into the imperfect tense, then translate the sentences.

Example: Tu visitais beaucoup de monuments (visiter).

You used to visit lots of monuments.

1 Je .... avec mon petit frère sur la plage. (jouer) ....

2 Nous .... très souvent ensemble. (manger) ....

3 Le serveur .... dur pour nous. (travailler) ....

4 On .... beaucoup de glaces. (vendre) ....

5 Papa et Marc .... du ski nautique. (faire) ....

6 Tu .... très content. (être) ....

D When you are talking or writing about the past, you often need to use a mixture of perfect tense and imperfect tense verbs. Put the following verbs in the correct past tense.

J' [aller] au collège quand j' [voir] l'accident. Il y [avoir] beaucoup de monde. J' [appeler] «au secours!».

....

....

....

....

....

The future tense

The **near future** is used to say what is going to happen. It is formed using *aller* + infinitive.

A Use the correct part of *aller* to say what you are going to do in the near future and say what these sentences mean.

Example: Je vais regarder un film. I am going to watch a film.

1 Il .... sortir ce soir. ....

2 Nous .... vendre la maison. ....

3 Vous .... comprendre bientôt. ....

4 Tu .... partir en vacances. ....

5 Maman .... voir un concert. ....

6 Les garçons .... arriver en retard. ....

B Unjumble these sentences in the near future tense.

Example: ta Je à question vais répondre   Je vais répondre à ta question.

1 aller allons en Nous ville demain ....

2 partir Quand vas-tu? ....

3 vont leurs Ils devoirs faire ....

4 tennis allez au jouer Vous? ....

5 Lydie cuisine faire la va ....

6 aider Ses vont sœurs ....

The **future** is used to say what you **will** do. To form the future, add the future endings to the infinitive of the verb: *-ai, -as, -a, -ons, -ez, -ont*.

C Say what everyone will do at the weekend. Put the verb into the future tense.

Example: Je prendrai un bon petit déjeuner. (prendre)

1 Il .... sa nouvelle voiture. (laver)

2 Tu .... ta copine à manger. (inviter)

3 Nous .... nos devoirs. (finir)

4 Vous .... les nouvelles. (attendre)

5 Elle .... visite à sa tante. (rendre)

6 Ils .... en France. (arriver)

7 Elles .... beaucoup. (bavarder)

8 Je .... une nouvelle robe. (choisir)

D Now try these irregular verbs. Check you know the irregular stem.

Example: vous (pouvoir) vous pourrez

1 ils (devoir) ....

2 nous (savoir) ....

3 je (faire) ....

4 elle (être) ....

5 tu (avoir) ....

6 elles (venir) ....

7 il (voir) ....

8 tu (aller) ....

E Now translate all of exercise D into English.

Example: You will be able to

1 ....

2 ....

3 ....

4 ....

5 ....

6 ....

7 ....

8 ....

The conditional

> The conditional is used to say what you **would** do. It is formed like the future but has different endings. The conditional endings are: *-ais, -ais, -ait, -ions, -iez, -aient.*

A Complete the gaps in this table.

	-er verbs	*-ir* verbs	*-re* verbs
	jouer	choisir	vendre
je	jouerais		
tu		choisirais	
il/elle			vendrait
nous		choisirions	
vous	joueriez		vendriez
ils/elles		choisiraient	

B What would these people do if they won the lottery? Add the correct part of the verb in brackets and say what the sentence means in English.

Example: Je partirais en vacances avec ma famille. (partir)

I would go on holiday with my family.

1 Ma mère .... une belle maison. (habiter) ....

2 Vous ne .... plus. (travailler) ....

3 Nous .... beaucoup de pays. (visiter) ....

4 Tu .... de l'argent aux autres. (offrir) ....

5 Ils .... de l'argent à la banque. (mettre) ....

6 Je .... ma vieille voiture. (vendre) ....

> Some verbs are irregular in the conditional: *aller: j'irais   faire: je ferais   voir: je verrais*

C Complete these sentences using the conditional of the verb in brackets. They all have irregular stems, but they keep the same endings as above.

Example: Nous ferions une promenade. (faire)

1 Je .... très riche. (être)

2 Vous .... le monde entier. (voir)

3 Ils .... beaucoup d'amis. (avoir)

4 Elle .... épouser son fiancé. (vouloir)

D Write four 'si' sentences of your own, using either the future or conditional tense.

....

....

....

....

....

....

....

....

Be careful with 'if' clauses!

si + present tense + future tense:
*Si tu **viens**, moi aussi j'irai.*
If you come, I will go too.

si + imperfect tense + conditional:
*Si tu **mangeais** correctement, tu n'**aurais** pas faim.*
If you ate properly, you wouldn't be hungry.

The pluperfect tense

You use the pluperfect to talk about an event which happened one step further back than another past event: 'I **had done** something'.

A Translate these sentences into English.

Example: Si seulement j'avais écouté tes conseils. If only I had listened to your advice.

1 Tu avais déjà fini ton déjeuner. ....

2 Nous avions entendu les informations. ....

3 Ils avaient promis de rentrer avant minuit. ....

4 Vous aviez déjà bu toute la bouteille. ....

5 Elle n'avait jamais lu ce livre. ....

6 Ils étaient déjà partis. ....

7 Elle était venue toute seule. ....

8 Les enfants s'étaient couchés de bonne heure. ....

Like the perfect tense, you form the pluperfect by using an auxiliary (*avoir* or *être*) + a past participle. The difference is that you use the **imperfect tense** of the auxiliary. The verbs which take *être* are the same ones that take *être* in the perfect tense.

B Change these verbs from the perfect into the pluperfect.

Example: J'ai joué. J'avais joué.

1 Elle a fini ....   4 Vous êtes partis ....

2 Nous avons lu ....   5 Tu es tombé? ....

3 Elles sont arrivées ....

C Match the sentence halves, then translate the sentences.

1 J'avais toujours voulu   a parti en vacances quand on est arrivés a la maison.
2 Il était   b ma voiture dans le parking.
3 Elles étaient   c aller à Bordeaux, mais mes parents ont décidé d'aller en Alsace.
4 Heureusement, nous   d partie de bonne heure, mais il y avait beaucoup de circulation.
5 Ma sœur était   e avions acheté des sandwichs.
6 Mes parents   f parties quand il a commencé à pleuvoir.
7 Si tu avais   g avaient loué un appartement au bord de la mer.
8 J'avais laissé   h gagné au loto, qu'est-ce que tu aurais fait?

1 ....
2 ....
3 ....
4 ....
5 ....
6 ....
7 ....
8 ....

Negatives

You use negatives when you want to say 'not', 'never', 'no longer', 'none', etc. French negatives almost always have two parts: *ne* before the verb and *pas*, etc, after the verb, making a 'sandwich'.

A Match the French to the English translations.

ne … pas	neither … nor
ne … jamais	not any, none
ne … plus	nobody, not anybody
ne … rien	not yet
ne … personne	no longer, no more
ne … aucun	never
ne … que	nothing, not anything
ne … ni … ni…	not
ne … pas encore	only

B Translate these sentences.

Example: Il ne parle pas de son accident.   He doesn't talk about his accident.

1 Nous n'aimons ni la géo ni l'histoire.   ....

2 Je ne mangerai plus de viande.   ....

3 Il n'est jamais arrivé.   ....

4 Ils n'ont rien trouvé.   ....

5 Je n'envoie aucune carte postale.   ....

6 Elle ne fait que deux heures par mois.   ....

7 Il ne retournera plus jamais en Italie.   ....

C Rearrange the words to make correct sentences.

Example: ne vaisselle fais la Je jamais. Je ne fais jamais la vaisselle.

1 aucune Nous idée avons n' ....

2 n'a dix Paul euros que ....

3 fête n' Personne ma venu à est ....

4 bu Ils n'ont café rien au ....

5 achèterez n' de chocolat plus Vous? ....

D Make these sentences negative by inserting the given words. Remember that *du*, *de la*, *des*, *un* and *une* all change to *de* (*d'*) and mean 'any' if they appear after the negative.

Example: Je vois un nuage dans le ciel (ne … pas) Je ne vois pas de nuage dans le ciel.

1 Nous fumerons des cigarettes (ne … plus) ....

2 Elle a dit bonjour (ne … jamais) ....

3 Tu rencontres deux amies en ville (ne … que) ....

4 Il a compris (ne … rien) ....

E Answer these questions in the perfect tense with the negative given.

Example: Il est sorti? (ne … pas) Non, il n'est pas sorti.

1 Ils ont acheté une maison? (ne … jamais) Non, ils ....

2 Elle a fait de la lecture? (ne … pas) ....

3 Elles sont venues? (ne … jamais) ....

The perfect infinitive and present participles

The perfect infinitive

A Give the perfect infinitive of the following verbs.

e.g. manger = avoir mangé

> Be careful as you will need to remember if the verb uses *avoir* or *être* in the perfect tense.

1 faire ....
6 mettre ....

2 aller ....
7 vouloir ....

3 jouer ....
8 sortir ....

4 finir ....
9 écrire ....

5 arriver ....
10 partir ....

B Match up the French and English.

1	Après avoir joué au foot	A	After having left
2	Après être arrivé à la gare	B	After having eaten
3	Après avoir mangé	C	After having got up
4	Après avoir pris une douche	D	After having played football
5	Après s'être levé	E	After having had a shower
6	Après être entré dans la cuisine	F	After having done my homework
7	Après avoir fait mes devoirs	G	After having entered the kitchen
8	Après être parti	H	After having arrived at the station

C Translate these sentences into French.

> Remember that with *être* verbs, the past participle must agree with the subject.

1 After having gone into town, she had lunch.

2 After having eaten, he went to the cinema.

3 After having arrived at the station, the girls bought their tickets.

4 After having chatted to his friends, Paul went home.

The present participle

A Put these infinitives into present participles.

1 finir ....
6 faire ....

2 acheter ....
7 prendre ....

3 aller ....
8 vouloir ....

4 dire ....
9 partir ....

5 manger ....
10 venir ....

B Complete the sentences by changing the verb in brackets into the present participle.

1 J'ai lu un livre en (écouter) de la musique. ....

2 Elle lui a expliqué la situation en (rire). ....

3 Nous avons réussi en (travailler) dur. ....

4 Ils sont entrés dans la maison en (courir). ....

5 Ma mère a tricoté en (regarder) la télé. ....

The passive and the subjunctive

The passive

A Match up the correct English and French.

1	La lettre a été écrite par mon grand-père.	A	The biscuits are made by my mother.
2	Les biscuits sont faits par ma mère.	B	The castle was ruined.
3	Les animaux ne sont pas admis.	C	The film was watched by everyone.
4	Le château a été ruiné.	D	The letters will be sent tomorrow.
5	Le film a été regardé par tout le monde.	E	The letter was written by my grandfather.
6	Les lettres seront envoyées demain.	F	Pets are not allowed.

B Translate the following into French.

Example: The results will be published. Les résultats seront publiés.

1   The boys were found by the police. ....

2   She will be injured if she does not pay attention to the traffic. ....

3   The apples are washed by the children. ....

4   He has been invited to a party. ....

5   The house will be sold. ....

6   The castle was built a hundred years ago. ....

> Remember that the past participle agrees with the subject when the passive is used.

The subjunctive

A Match up the English and French.

1	Il faut qu'on parte.	A	It's a pity that she cannot come.
2	Bien qu'il soit travailleur.	B	It's possible that pollution will be reduced.
3	Avant qu'ils arrivent.	C	We must leave.
4	À condition que tu travailles bien.	D	Before they arrive.
5	C'est dommage qu'elle ne puisse pas venir.	E	Although he is hard-working.
6	Il est possible qu'on réduise la pollution.	F	Provided that you work well.

B Translate the following sentences into English.

1   Il semble qu'ils aient peur. ....

2   Je veux que tu m'accompagnes. ....

3   Il faut que tout le monde vienne chez nous. ....

4   Bien qu'elle travaille bien, elle n'est pas très douée. ....

5   Je la vois chaque matin avant qu'elle aille au travail. ....

6   Je vais beaucoup réviser pour que mes parents soient fiers. ....

Questions

In French you can make something a question by raising your voice at the end of a sentence. However, if you are aiming at a higher grade you need to use question words.

A Make these sentences into questions by using *est-ce que*.

Example: Tu manges des bonbons.   Est-ce que tu manges des bonbons?

1 Il peut venir lundi. ....
2 Vous avez une carte de la ville. ....
3 Les élèves ont fini leurs devoirs. ....
4 Elle veut aller en ville. ....
5 Vous êtes vendeuse. ....
6 Nous arriverons au collège à l'heure. ....

B Find the five pairs of questions which mean the same.

1 Est-ce que tu aimes le français?   A Fait-il du français le mardi?
2 Est-ce qu'elle est française?   B As-tu français le mardi?
3 Est-ce qu'il adore le français?   C Aimes-tu le français?
4 Est-ce que tu as français le mardi?   D Est-elle française?
5 Est-ce qu'il fait du français le mardi?   E Adore-t-il le français?

C Separate into ten questions.

Est-cequetuvasenvilledemainmatinest-cequ'iljoueautennisest-cequ'ellepartiraen
vacancesenjuilletest-cequetuasperdutaclefest-cequetuasréservéunechambreest-ce
quetupréfèresvoyagerenavionouentrainest-cequelesportablessontutilesest-ceque
lechienestmignonest-cequetuveuxallleraucinémaavecmoiest-cequetusaisfairedelavoile

D Match the question word with the rest of the sentence.

1 Qu'   A es-tu venu?
2 Combien de   B est-ce que tu aimes faire?
3 Où   C est-ce que tu vas aider les pauvres?
4 Comment   D habites-tu?
5 Pourquoi   E préférez-vous voyager en France? En train?
6 À quelle heure   F parles-tu le français?
7 Depuis quand   G est-ce que tu te réveilles le matin?
8 Quand   H personnes habitent à Londres?

E Imagine you get the chance to interview your favourite celebrity. Prepare a list of six questions for them.

....
....
....
....
....

Prepositions, conjunctions and intensifiers

A Match up opposite pairs of prepositions.

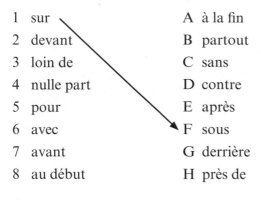

1	sur	A	à la fin
2	devant	B	partout
3	loin de	C	sans
4	nulle part	D	contre
5	pour	E	après
6	avec	F	sous
7	avant	G	derrière
8	au début	H	près de

B How many of these prepositions do you recognise?

Loin de, près de, en face de,

devant, derrière, à côté,

nulle part, partout, pour ou contre,

à droite, à gauche, environ.

C Fill the gaps with the words in the box. The first letter is given in the text as a clue for some of them. Then translate the text into English. You may use some words more than once.

| à   À la fin   Après   D'abord   dans   de   et   mais   nulle part   parmi |
| partout   près de   puis |

D................., je me suis levée à 7 heures, p................je me suis lavée. Je suis entrée
d.............. la salle de bains située p............... ma chambre et j'ai décidé ....
prendre une douche .... me brosser les dents aussi. A............... ma
douche, j'ai cherché ma serviette p............... m...............je ne l'ai trouvée n................
À ....j'ai réussi .... retrouver mon pyjama p............... mes affaires
...............je suis rentrée .... ma chambre.

First of all, I got up at 7 o'clock...

....

....

....

....

....

D All these prepositions, conjunctions and intensifiers have been jumbled up. How quickly can you write them correctly?

1	cnod	6	etdapnn	11	nvdtae ....
2	etesiun	7	tvnaa	12	spèr ed ....
3	ssaui	8	ne eacf ed	13	oervnni ....
4	ttrpuao	9	zceh	14	ssna ....
5	sima	10	mpria	15	rsev ....

Practice test: Listening

AQA publishes official Sample Assessment Material on its website. This test has been written to help you practise what you have learned across the four skills, and may not be representative of a real exam paper.

At the tourist office

1   What do these people want to do?

Listen to the recording. Write the correct letters in the boxes.

A	Go to the cinema
B	Go shopping
C	Catch a train
D	Go to a theme park
E	Visit the castle
F	See a play
G	Find a good hotel
H	Watch a football match

Example ☐ H

☐

☐

☐

(3 marks)

School studies

2   Marc is talking about his school with a friend.

Listen to the recording and answer the following questions **in English**.

Example: What is Marc studying in history?

the First World War ....

(a) Why does Marc like history so much?

.... **(1 mark)**

(b) Which subject does he hate?

.... **(1 mark)**

(c) What does Marc do at break time?

.... **(1 mark)**

The environment

3 Alice and Robert are talking about what they do to protect the environment.

recycles glass	recycles paper	recycles metal	electricity
~~water~~	by public transport	on foot	by car

Complete the sentences. Use the correct word or phrase from the box.

(a) Alice saves water and ……………………… **(2 marks)**

(b) Robert always goes to school ……………………… and

……………………… **(2 marks)**

Les rapports personnels

4 Lucas parle de sa famille et de ses amis.

Comment sont ces personnes? Choisissez entre: **bavard**, **timide**, **intelligent**, **paresseux** et **amusant**.

(a) Son frère est ……………………… **(1 mark)**

(b) Mohammed est ……………………… **(1 mark)**

(c) Yvon n'est jamais ……………………… **(1 mark)**

Mes vacances

5 Écoutez Margot qui parle des vacances.

Complétez les phrases en choisissant un mot ou des mots dans la case.

les magasins	~~la natation~~	quinze jours	une semaine
avec sa famille	en ville	sans ses parents	chez sa meilleure copine
à la campagne	dans une auberge de jeunesse	dans un petit camping	un mois

Exemple: Margot aime faire de la natation.

(a) Sa mère aime passer les vacances ……………………… **(1 mark)**

(b) L'année dernière, la famille a passé ……………………… en Italie. **(1 mark)**

(c) Cette année, Margot va loger ……………………… **(1 mark)**

(d) Ses vacances de rêve seraient ……………………… **(1 mark)**

Social media

6 Listen to Muriel talking about social media.

What does she say? Write the correct letter in the box.

Example: Muriel uses social media …

A	every day.
B	once a fortnight.
C	once a week.
D	twice a week.

☐ A

(a) She says that she could not live without …

A	her laptop.
B	her mobile phone.
C	her tablet.

☐

(b) Muriel never …

A	gives her personal details online.
B	posts photos on social networking sites.
C	worries about cyber bullying.

☐

(c) Muriel's cousin …

A	was bullied online.
B	was the victim of identity theft.
C	has never used social networking sites.

☐

(d) Muriel …

A	has recently bought a new mobile.
B	has recently lost her mobile.
C	is going to buy a new mobile.

☐

(4 marks)

Where I live

7 Jamel is talking about where he lives. Write the **two** correct letters for each question in the boxes.

(a) What does Jamel say about the village where he lives?

A	The people who live there are friendly.
B	There is a cinema there.
C	There are no shops there.
D	There are not many young people.
E	It's a 30-minute journey to get to the shops.
F	He doesn't like it.

☐
☐

(b) What does he say about where he used to live?

A	It was a small town.
B	His family left there 12 years ago.
C	It was a lively place.
D	Everything there was better than in his village.
E	Jamel often goes back there.

☐
☐

(4 marks)

Volunteering

Listen to the recording

8 Listen to Corinne talking about her recent visit to Africa.

Answer the following questions **in English**.

(a) Why did Corinne volunteer in a school?

.... **(1 mark)**

(b) How do we know that the children wanted to go to school?

.... **(1 mark)**

(c) Why did school start early?

.... **(1 mark)**

(d) How did the school manage to have enough books?

.... **(1 mark)**

(e) What **two** problems are mentioned?

....

.... **(2 marks)**

World problems

Listen to the recording

9 Listen to an extract on French radio.

Which three of these statements are mentioned in the programme? Write the correct letters in the boxes.

A	We have started to reduce carbon dioxide emissions.
B	Big waves have already started to threaten many small islands.
C	More glaciers have started to melt.
D	There are more storms and winds.
E	More species will be threatened in the future.
F	Record levels of rainfall have been noted globally.
G	Sea levels have stabilised a little recently.
H	Our planet is in danger.

Example ☐H

☐
☐
☐

(3 marks)

Practice test: Reading

Leisure activities

1 Read these comments about leisure activities on a website.

Aline:	J'aime bien faire de la plongée car c'est passionnant. Je vais au ciné de temps en temps.
Barbara:	Quand je suis libre, j'adore faire du VTT avec mes meilleures copines. Des fois je joue aussi au hockey.
Caroline:	La lecture me plaît énormément, mais j'aime également faire du cheval à la campagne.
Delphine:	Mon passe-temps préféré, c'est dessiner car j'aime être créative, mais j'aime aussi l'art dramatique.

Who says the following? Enter either **Aline**, **Barbara**, **Caroline** or **Delphine**.

You can use each person more than once.

Example: Aline likes going to the cinema.

(a) .... reads a lot.

(b) .... likes drawing.

(c) .... sometimes participates in a team sport.

(d) .... likes diving.

(e) .... goes horse-riding.   **(5 marks)**

Technology at school

2 Read what Paul says about technology at his school.

J'apprends l'informatique dans un lycée moderne où il y a une douzaine de salles d'informatique qui disposent d'ordinateurs portables. Il y a un écran tactile dans la plupart des classes et dans certaines classes on a aussi accès à des tablettes. Je trouve donc ridicule qu'il soit interdit d'apporter nos portables à l'école. J'aimerais bien utiliser Internet sur mon propre portable afin de faire des recherches pour mon travail scolaire.

Write the correct letter in the box.

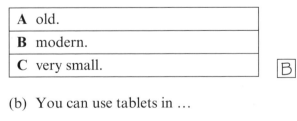

Example: Paul's school is …

| **A** old. |
| **B** modern. |
| **C** very small. |

☐ B

(a) In his school there are a dozen …

| **A** classrooms. |
| **B** computers. |
| **C** computer rooms. |

☐

(b) You can use tablets in …

| **A** some classrooms. |
| **B** every classroom. |
| **C** maths lessons. |

☐

(c) Paul thinks it is ridiculous that …

| **A** there are not enough tablets. |
| **B** there are not enough touch screens in school. |
| **C** you are not allowed to bring mobiles to school. |

☐

(3 marks)

Un emploi à temps partiel

3   Lisez cet e-mail de Roxanne.

> ✉
>
> Cet été, pendant les grandes vacances, je vais travailler dans un petit supermarché tout près de chez moi pour avoir un peu d'argent supplémentaire. Je vais passer la plupart du temps à la caisse et mes copains me disent que c'est un emploi monotone et ennuyeux. Je vais faire des économies car je voudrais acheter un vélo comme cadeau d'anniversaire pour mon petit ami.

Choisissez des mots de la case pour compléter les phrases.

> | | | | |
> |---|---|---|---|
> | ~~supermarché~~ | loin | être | barbant |
> | facile | offrir | près | gagner |

Exemple: Roxanne va travailler dans un supermarché.

(a)   Le supermarché se trouve .... de la maison de Roxanne.   **(1 mark)**

(b)   Elle va .... de l'argent.   **(1 mark)**

(c)   Les copains de Roxanne pensent que le travail va être ....   **(1 mark)**

(d)   Roxanne va .... un cadeau d'anniversaire à son copain.   **(1 mark)**

A music event

4   Read the blog post below.

> Chaque année en août, le festival international des jeunes musiciens a lieu à Marseille. Le festival a commencé il y a huit ans avec une dizaine de groupes et de chanteurs européens, mais cette année les organisateurs ont invité plus de soixante-dix concurrents, y compris deux groupes asiatiques et cinq chanteurs africains. Naturellement, le festival attire plein de spectateurs des quatre coins du monde et cette année il y aura trois énormes campings dédiés au festival, mais il faut faire attention, car même en été, le beau temps n'est pas assuré.

Answer the following questions **in English**.

Example: When does the festival take place? August.

(a)   How do you know that the festival is bigger than when it started?

....   **(1 mark)**

(b)   What special arrangements have been made for spectators?

....   **(1 mark)**

(c)   What are spectators warned about?

....   **(1 mark)**

Translation

5   Translate this passage **into English**.

> Je vais à l'école en car. Les cours commencent à huit heures et demie et à mon avis c'est trop tôt. Ma matière préférée c'est le dessin car je m'entends bien avec le prof. Je n'aime pas les maths car on nous donne beaucoup de devoirs. Hier j'ai passé un examen d'histoire et c'était vraiment difficile. Le collège me plaît parce que j'ai plein de copains et la plupart des profs sont sympa.

....

....

....

....

....

....

....

(9 marks)

La télé-réalité

6 Lisez ce texte.

> Quinze ans après le début de *Loft Story*, la télé-réalité en France marche toujours aussi bien auprès des jeunes qui restent devant le petit écran. Cette génération consomme différemment la télé, sur les tablettes ou sur un ordinateur, mais les jeunes sont quand même accros aux émissions de télé-réalité. L'émission culte, ce sont *Les Anges de la télé-réalité* dont la sixième saison vient de débuter avec près de 2 millions de téléspectateurs parmi les 15–22 ans. Il s'agit de faire cohabiter d'anciens candidats de télé-réalité française dans une villa en Floride. Chaque personne doit s'accomplir dans la chanson, la comédie et la mode afin de récolter de l'argent pour une association caritative qui veut construire une école au Sénégal. Les recettes de l'audience ne varient jamais: des corps bronzés, de belles filles, de la passion, des disputes et des amitiés.

Complétez les phrases. Écrivez la bonne lettre dans chaque case.

Exemple: *Loft Story* a débuté …

A il y a cinq ans.
B il y a quinze ans.
C il y a huit ans.

☐ B

(a) La télé-réalité reste populaire auprès …

A des jeunes.
B des femmes.
C des petits.

☐

(b) *Les Anges de la télé-réalité* …

A n'est plus populaire.
B est une émission qui vient de se terminer.
C passe actuellement en France.

☐

(c) Les candidats doivent …

A aller en Italie.
B préparer beaucoup de recettes.
C vivre ensemble.

☐

(d) L'émission …

A se passe dans une école.
B aide une organisation caritative.
C a lieu au Sénégal.

☐

(4 marks)

A tourist destination

7 Read this extract from a tourism website.

● ● ●

La Corse, une destination dont tout le monde rêve!

Surnommée l'île de beauté, la Corse possède un climat méditerranéen qui assure dès le printemps des conditions climatiques impeccables pour les vacances. Les loisirs marins sont nombreux, surtout la voile, et on peut louer un bateau à prix raisonnable ou on peut également se détendre sur des plages sablonneuses où le ciel bleu est accompagné par un soleil radieux. Les marcheurs auront de quoi faire avec de belles randonnées à travers la montagne ou sur les chemins côtiers. On ne se lasse pas non plus de goûter aux spécialités culinaires, surtout pour les végétariens.

Attention cependant, la Corse est une destination chère, particulièrement pendant la haute saison. Pourquoi ne pas essayer un gîte rural ou une maison d'hôtes? Et les campings, sans être spécialement bon marché, restent une des solutions les plus économiques. Un séjour en Corse peut donc revêtir un visage différent selon le budget dont on dispose, mais surtout selon les envies que l'on a.

Put a cross [×] next to each one of the **three** correct boxes.

A	Corsica is nicknamed Beauty Island.	**Example** A
B	The weather in Corsica is perfect for holidays all year round.	☐
C	You can hire boats quite cheaply in Corsica.	☐
D	There are sandy beaches in Corsica.	☐
E	Corsica is good for those who like walking by the coast.	
F	Vegetarians are not especially well catered for in Corsica.	
G	Campsites in Corsica are particularly cheap.	
H	Every holiday in Corsica is more or less the same.	

(3 marks)

Le Petit Nicolas – **par Jean-Jacques Sempé et René Goscinny**

8 Lisez cet extrait.

Ce matin nous sommes arrivés à l'école bien contents, parce qu'on va prendre une photo de la classe qui sera pour nous un souvenir que nous allons chérir pour toute notre vie, comme nous a dit la maîtresse. Elle nous a dit aussi de venir propres et bien coiffés.

Je suis entré dans la cour de récréation vêtu d'habits neufs. Tous mes copains étaient déjà là et l'institutrice était en train de gronder Geoffroy qui était venu habillé en martien. Geoffroy a un papa très riche qui lui achète tous les jouets qu'il veut. Geoffroy disait à la maîtresse qu'il voulait absolument être photographié en martien et que sinon il s'en irait.

Répondez aux questions en français. Il n'est pas nécessaire d'écrire des phrases complètes.

Exemple: Quand est-ce que les enfants sont arrivés à l'école? *ce matin*

(a) Pourquoi est-ce que les enfants étaient contents?

.... **(1 mark)**

(b) Qu'est-ce que la maîtresse avait dit aux enfants? Donnez deux détails.

.... **(2 marks)**

(c) Pourquoi est-ce que Geoffroy a été grondé?

.... **(1 mark)**

(d) Quelle est la personnalité de Geoffroy?

.... **(1 mark)**

Translation

9   Translate this passage **into English**.

> La ville de Bamako est dans le sud du Mali. Il n'y pleut presque jamais et on ne peut pas facilement cultiver assez de nourriture parce qu'il y fait chaud. Il y existe une grande pauvreté malgré les efforts des organisations caritatives. Le chômage est un problème grave partout et de plus en plus de jeunes sont en train de quitter le pays afin de trouver un emploi.

....

....

....

....

....

....

....

....   **(9 marks)**

Practice test: Speaking (Foundation)

Role-play: Travel and tourism

Listen to the recording

1 You are going to eat at a restaurant in France with your English friend. The teacher will play the part of the waiter/waitress and will speak first.

You must address the waiter/waitress as *vous*.

You will talk to the teacher using the five prompts below.

- Where you see **?** you must ask a question. *Do not simply repeat the words in the task below.*
- Where you see **!** you must respond to something you have not prepared.

Task:

Vous êtes dans un restaurant en France avec un(e) ami(e) britannique. Vous parlez au serveur / à la serveuse.

1 Table et nombre de personnes.

2 Boissons désirées.

3 !

4 Dessert préféré – pourquoi.

5 ? Toilettes.

> After you have prepared your answer, play the audio file of the teacher part and give your answers in the pauses.

Picture-based task: School

Listen to the recording

2 Regarde la photo et prépare des réponses sur les points suivants:

- Qu'est-ce qu'il y a sur la photo?
- Quels sont les avantages d'aller à l'université?
- Comment est-ce que tu fais des recherches au collège?
- Qu'est-ce que tu vas étudier l'année prochaine?
- Que penses-tu des apprentissages? Pourquoi?

> After you have prepared your answer, play the audio file of the teacher part and give your answers in the pauses. If you need more time, pause the recording.

Practice test: Speaking (Higher)

Role-play: The environment

Listen to the
recording

1   You are talking about the environment with a Belgian penfriend. The teacher will play the part of the penfriend and will speak first.

You must address your penfriend as *tu*.

You will talk to the teacher using the five prompts below.

- Where you see **?** you must ask a question.
- Where you see **!** you must respond to something you have not prepared.

Task:

Tu parles de l'environnement avec ton ami(e) belge.

1. Actions pour protéger l'environnement.

2. **!**

3. Recyclage dans ta région – opinion.

4. Transports en commun – opinion.

5. **?** Solutions possibles.

> After you have prepared your answer, play the audio file of the teacher part and give your answers in the pauses.

Picture-based task: Town, region and country

Listen to the
recording

2   Regarde la photo et prépare des réponses sur les points suivants:

- Qu'est-ce qu'il y a sur la photo?
- Est-ce que le tourisme est important? Pourquoi (pas)?
- Quels sont les changements récents dans ta ville ou dans ton village?
- Où voudrais-tu habiter à l'avenir? Pourquoi?
- Que penses-tu des activités pour les jeunes dans ta région?

> After you have prepared your answer, play the audio file of the teacher part and give your answers in the pauses. If you need more time, pause the recording.

Practice test: Writing (Foundation)

Un festival de musique

1 Vous envoyez cette photo par messagerie à votre ami(e) français(e).

Qu'est-ce qu'il y a sur la photo? Écrivez **quatre** phrases **en français**.

1 ....

2 ....

3 ....

4 ....   **(8 marks)**

Les vacances

2 Vous êtes en vacances et vous écrivez à votre ami(e) français(e). Mentionnez:
   - où vous êtes
   - le temps
   - le logement
   - vos activités de vacances.

Écrivez environ **40** mots **en français.**

....

....

....

....

....

....

....

....   **(16 marks)**

Les fêtes

3 Vous décrivez les fêtes pour votre blog.

Décrivez :

- votre fête préférée et pourquoi
- pourquoi les fêtes sont importantes
- ce que vous avez fait pour fêter votre dernier anniversaire
- comment vous allez célébrer le Nouvel An l'année prochaine.

Écrivez environ **90** mots **en français**. Répondez à chaque aspect de la question.

....

....

....

....

....

....

....

....

....

.... **(16 marks)**

Le collège

4 Translate these sentences into French.

(a) I don't like my school.

.... **(2 marks)**

(b) There are lots of classrooms.

.... **(2 marks)**

(c) There are five lessons per day.

.... **(2 marks)**

(d) Usually at break I chat with my friend in the canteen.

.... **(3 marks)**

(e) Last year I played football for the school team. It was great.

.... **(3 marks)**

Practice test: Writing (Higher)

Ma région

1 Vous décrivez là où vous habitez pour votre blog.

Décrivez:

- votre ville et ses attractions
- les aspects positifs et négatifs de votre maison ou votre appartement
- une visite récente dans votre ville
- où vous voulez habiter à l'avenir et pourquoi.

Écrivez environ **90** mots **en français**. Répondez à chaque aspect de la question.

....

....

....

....

....

....

....

....

....

....   **(16 marks)**

Les vacances

2 Vous écrivez un article sur les vacances pour un magazine français.

Décrivez:

- pourquoi les vacances sont importantes
- des vacances mémorables.

Écrivez environ **150** mots **en français**. Répondez aux deux aspects de la question.

....

....

....

....

....

....

....

....

....

....

....

....

....

....

....

....

....   **(32 marks)**

Une ville en France

3 Translate this passage into French.

> My friend Marc lives in a big house in Rennes in the west of France. He loves living there
> because there are lots of things for young people to do. He used to live in the east in a little
> village in the countryside but he moved two years ago. In the future he would like to live
> abroad, perhaps in England as he has several friends there.

....

....

....

....

....

....

....

....   **(12 marks)**

Answers

The answers to the Speaking and Writing activities below are sample answers – there are many ways you could answer these questions.

Identity and culture

1. Physical descriptions

Reading

1   (a) F (b) A (c) D (d) C

Listening

2   C, F, E, D

2. Character descriptions

Speaking

1   Sample answers:

(a) On dit que je suis assez timide et vraiment travailleur, mais je ne suis pas d'accord parce que je suis sociable, surtout quand je sors avec mes copains. Je pense que je suis assez sérieux en classe, mais quand j'ai du temps libre je suis plutôt marrant et un peu bizarre de temps en temps. Par exemple, le week-end dernier je me suis habillé en fantôme et je suis sorti avec mes copains!

(b) Ma meilleure copine, Lucy, est très amusante et elle me fait toujours rire. Tout le monde dit qu'elle est sympa et généreuse et elle est toujours prête à aider ses copains et sa famille, ce qui m'impressionne. Elle va m'aider avec mes devoirs ce soir.

(c) Je m'entends bien avec mes amis parce qu'on a les mêmes personnalités et qu'on partage les mêmes centres d'intérêt aussi. Je pense que tous mes copains sont géniaux et drôles comme moi.

Reading

2   B, D, F, I

3. Describing family

Listening

1   D, B, F, C

Writing

2   (a) J'aime ma famille.
    (b) Mon frère est embêtant.
    (c) Ma sœur est assez grande.
    (d) Je m'entends avec ma mère parce qu'elle est gentille.
    (e) Mon père m'énerve quelquefois.

4. Friends

Reading

1   D, F, A, B

Speaking

2   Sample answers:

(a) Il y a sept jeunes, quatre filles et trois garçons. Ils sont en train de regarder leurs portables. Je pense qu'ils s'amusent bien car ils sourient. À mon avis, ce sont des copains en vacances ensemble, peut-être en France.

(b) À mon avis, un bon ami devrait être fidèle et sympa, et mes copains ont les mêmes loisirs que moi. Il faut pouvoir écouter les problèmes de ses amis aussi.

(c) Mon meilleur copain est très gentil. Il s'appelle Luke et je le connais depuis cinq ans. Il va au même collège que moi. On s'amuse bien ensemble et il me fait tout le temps rire.

(d) La semaine dernière, je suis allé au cinéma avec plusieurs copains et nous avons vu un film comique qui était vraiment marrant. Après avoir mangé dans un petit café en ville, nous sommes rentrés chez moi où nous avons joué sur ma console de jeux.

(e) Le week-end prochain, je vais faire de la natation avec mes amis au centre sportif dans une ville voisine, ensuite nous irons au stade regarder un match de rugby.

5. Role models

Reading

1   B, C, F, G

Listening

2   (a) A (b) C (c) A (d) B

6. Relationships

Writing

1   Sample answer:
    1   Il y a une famille.
    2   Je vois deux enfants.
    3   On porte des vêtements d'été.
    4   Tout le monde sourit.

Reading

2   I get on well with my little brother. He is understanding and funny, but I often argue with my sister. Yesterday she took my skirt without asking my permission. She never helps at home and she gets on my nerves all the time. She has told me that she is going to be less lazy.

7. When I was younger

Listening

1   E, C, H, G

Speaking

2   Sample answers:

(a) J'habitais dans une grande maison individuelle au bord de la mer dans le sud de l'Écosse, mais maintenant nous habitons dans une grande ville moderne dans l'est de l'Angleterre. Je crois que je préfère l'Écosse car c'était très pittoresque, mais il faisait trop froid en hiver.

(b) Quand j'étais jeune, je faisais du vélo presque tous les jours, mais maintenant je n'en fais plus car je suis trop occupé. Je jouais sur mon ordinateur et je jouais aussi de la flûte, ce qui me plaît toujours.

(c) Nous allions toujours faire du camping au pays de Galles et il pleuvait sans cesse. Une année, nous sommes allés en France, mais mes parents ne parlent pas français et ils avaient des difficultés à s'exprimer, alors nous n'y sommes pas retournés.

8. Peer group

Listening

1   (a) They are about the same age / they like the same rap music.
    (b) Two of the gang stole bottles of spirits / from a shop in the area.
    (c) Mamadou and his friends stole clothes / from a department store.
    (d) Ashamed
    (e) Peer pressure / people said it would be cool.

Writing

2   Beaucoup de mes amis ont des tatouages et des piercings, mais je n'aime pas ça car je pense que c'est moche. La semaine dernière je suis allé(e) en ville avec ma sœur et nous avons vu un garçon de mon école qui avait un piercing dans le nez. Maintenant ma sœur a décidé d'avoir un piercing parce que tous ses amis en ont mais à mon avis elle est folle.

9. Money

Speaking

1 Sample answers:

(a) Sur la photo il y a une femme qui a plein d'argent à la main. Elle est heureuse car elle vient d'acheter beaucoup de cadeaux.

(b) Je crois que l'argent est essentiel mais pas très important dans la vie, car à mon avis être heureux, c'est plus important.

(c) La semaine dernière, j'ai rangé ma chambre et mes parents m'ont donné de l'argent. J'ai aussi trouvé un petit job dans un centre sportif en ville où je travaille six heures le samedi.

(d) Je n'aime pas faire des économies car je suis très impulsif, mais je fais des économies pour un nouveau portable.

(e) Je vais acheter un jean et des baskets et j'irai aussi au cinéma.

 Listen to the recording — SPEAKING TRACK 71

Listening

2 (a) birthday present / scarf

(b) laptop / spend all the pocket money

(c) tablet / more up to date

10. Customs

Reading

1 (a) Cameroon

(b) People shake hands when they meet.

(c) Shaking the hand too aggressively.

(d) France promotes racial tolerance / he has been accepted.

Listening

2 B, C, F, H

11. Everyday life

Speaking

1 Teacher transcript and sample answers:

T: Vous êtes de quelle nationalité?
S1: Je suis britannique.
T: Ah oui, et quel sport préférez-vous et pourquoi?
S2: Je préfère le tennis parce que c'est un sport actif.
T: Pourquoi aimez-vous venir ici?
S3: C'est bien équipé et le personnel est poli.
T: Ah, c'est gentil. Qu'est-ce que vous avez fait ce matin?
S4: J'ai joué au badminton.
T: Excellent.
S5: Quelles sont vos heures d'ouverture?
T: De sept heures jusqu'à vingt-deux heures.

Listen to the recording — SPEAKING TRACK 72

Listening

2 (a) dort (b) pas (c) fait ses devoirs (d) les sports

12. Meals at home

Reading

1 (a) a month ago

(b) One of the following: could be stressful / still had a cold

(c) One of the following: show cooking skills / Mother could relax

(d) She disliked everything

(e) grateful / found it unbelievable

Writing

2 Sample answer:
1 Il y a une famille.
2 La mère cuisine.
3 Le père et les deux enfants regardent une tablette.
4 Le père a aussi un ordinateur portable.

13. Food and drink

Reading

1 (a) B (b) C (c) C (d) A

Writing

2 (a) J'aime manger du poisson.
(b) Je n'aime pas le café.
(c) Je prends des céréales au petit déjeuner.
(d) D'habitude on dîne à six heures du soir.
(e) Ce soir je vais manger dans un restaurant chic avec ma famille.

14. Shopping

Reading

1 C, D, F, J

Listening

2 (a) some flowers (b) a book (c) a bag

15. Shopping for food

Listening

1 (a) mushrooms (b) cabbage (c) eggs

Writing

2 Sample answer:
1 Sur la photo il y a un magasin.
2 Les deux boulangers français sourient.
3 Ils vendent des croissants et des baguettes.
4 J'adore les magasins français car ils sont intéressants et le personnel est accueillant.

16. Social media

Reading

1 I spend lots of time on social network sites. I think that I would not be able to live without my mobile. I know that there are many dangers but it's an efficient way of keeping up with world events. I can follow my friends' activities and recently a friend posted a photo of her dog online and all her friends found it funny.

Speaking

2 Teacher transcript and sample answers:

T: Je viens de poster une photo sur Facebook.
S1: Moi, je déteste Facebook car c'est barbant.
T: Comment utilises-tu Internet pour ton travail scolaire?
S2: Je fais des recherches en ligne.
T: Moi aussi. Tu passes beaucoup de temps en ligne?
S3: J'y passe quatre heures par jour.
T: Qu'est-ce que tu as fait en ligne hier soir?
S4: J'ai téléchargé de la musique.
T: C'est intéressant.
S5: Que penses-tu des réseaux sociaux?
T: Je pense qu'ils sont excellents.

 Listen to the recording — SPEAKING TRACK 73

17. Technology

Reading

1 I, G, F, D, B

Speaking

2 Sample answers:

(a) Moi, je fais presque tous mes achats en ligne, surtout à Noël ou si je dois acheter un cadeau, parce que c'est moins cher. De plus, on n'a pas besoin de quitter la maison, donc c'est un moyen efficace et pratique de tout acheter. Je viens d'acheter un collier pour ma meilleure amie et tout s'est bien passé, mais un copain m'a dit qu'il avait acheté un DVD qui n'est pas arrivé. La seule chose que je n'achète pas en ligne, ce sont les vêtements car on doit les essayer avant de les acheter.

 Listen to the recording — SPEAKING TRACK 74

(b) J'ai téléchargé beaucoup de musique parce que je trouve ça pratique: on n'a pas besoin d'acheter tout un album si on n'aime que quelques chansons. Il y a des sites où on peut télécharger à des prix raisonnables, mais il existe aussi des sites où certaines chansons sont gratuites.

(c) La semaine prochaine, je vais tchatter avec plusieurs amis en ligne, ce qui sera intéressant car un de mes meilleurs copains vient de déménager en Corse, et grâce à la technologie, je pourrai non seulement lui parler facilement mais aussi le voir sur mon écran!

18. Internet advantages and disadvantages

Reading

1 (a) de faire beaucoup de choses
(b) aura besoin d'attendre
(c) pour parler avec d'autres personnes
(d) toute la soirée
(e) a eu une mauvaise surprise
(f) rembourser l'argent volé

Listening

2 H, A, F, G

19. Arranging to go out

Listening

1 C, A, D, F

Reading

2 I, B, G, C, E

20. Hobbies

Writing

1 Sample answer:

Ma passion c'est le foot, j'y joue tous les week-ends pour mon club car c'est un sport actif qui me garde en forme et en plus je joue bien.
Samedi dernier, après avoir joué au foot, je suis allé au centre sportif avec quelques copains et nous y avons passé une heure à nager. J'ai trouvé ça très divertissant.
Le week-end prochain, je vais aller au bord de la mer avec ma famille et s'il fait beau, nous ferons de la planche à voile.
À l'avenir, je voudrais faire de l'escalade car c'est un sport physique et un peu dangereux.

Speaking

2 Sample answers:

Listen to the recording

(a) Il y a deux amis qui jouent sur une console de jeux et leurs amis les regardent. Il me semble que tout le monde s'amuse très bien.
(b) Moi, j'aime bien les jeux vidéo car ils sont stimulants et marrants, mais j'ai beaucoup de travail scolaire à faire, alors je joue moins sur mon ordinateur et ma console.
(c) Quand j'étais plus jeune, je jouais au rugby, mais je me suis cassé le bras, donc j'ai arrêté d'y jouer et maintenant je préfère jouer au tennis car c'est moins dangereux.
(d) La semaine prochaine je vais faire de la natation à la piscine qui se trouve tout près de ma maison. J'irai là-bas avec mes copains et nous prendrons un repas ensemble avant de rentrer. Ce sera génial.
(e) À mon avis les jeunes devraient être plus actifs car c'est bon pour la santé. C'est pourquoi je fais du sport régulièrement.

21. Music

Writing

1 Sample answer:

1 Sur la photo on voit mon orchestre.
2 Nous allons jouer dans un festival de musique à Rouen.
3 Au milieu, c'est Monsieur Richards, notre chef d'orchestre.
4 J'adore la musique classique et je joue de la flûte.

Speaking

2 Sample answers:

Listen to the recording

(a) Je jouais de la flûte mais je n'en joue plus car je n'ai pas le temps.
(b) Je préfère la musique rock car c'est rythmé, mais je déteste la musique rap car c'est très barbant.
(c) Il y a un mois je suis allée voir Beyoncé en concert à Londres avec un groupe de copains. Elle a chanté toutes mes chansons favorites et j'étais très contente.

22. Sport

Reading

1 (a) B (b) B (c) A (d) B

Listening

2 (a) A (b) C (c) B

23. Marriage and partnership

Reading

1 (a) G (b) A (c) C (d) J

Writing

2 Je pense que le mariage est très important et je voudrais me marier un jour. J'aimerais trouver un homme gentil avec un bon sens de l'humour avec qui je passerai le reste de ma vie. J'espère avoir des enfants et je crois que le mariage leur donnera un avenir stable.

24. Films

Reading

1 (a) Everyone
(b) Tickets sell quickly
(c) (i) Take seat promptly
(ii) Switch off mobile
(d) (i) They tire easily
(ii) They lose concentration
(e) (i) Free
(ii) Safe

Listening

2 (a) C (b) C (c) A (d) B

25. TV

Listening

1 (a) soap operas (b) factual programmes (c) news (d) cartoons

Writing

2 Sample answer:

Ce que j'aime mieux regarder, ce sont les documentaires parce que la nature me plaît énormément et je suis fasciné par les animaux. J'aime aussi les feuilletons car je les trouve divertissants et quelquefois drôles. Le week-end prochain, on va passer une émission comique à la télé et j'aimerais le regarder avec mes copains car on aime bien rigoler ensemble. Il s'agit de deux jeunes hommes qui n'ont pas de chance et qui sont toujours en train de faire des bêtises.
Je préfère regarder les films au ciné car j'aime bien le grand écran, même si on doit se taire pendant la séance!
La semaine dernière, j'ai regardé un documentaire sur les animaux sauvages en Australie et j'étais ravi de voir les kangourous et les koalas dans leur habitat naturel. J'ai trouvé les images sensationnelles et on les a regardées en famille chez nous.

26. Celebrations

Reading

1 (a) En souvenir de la résurrection de Jésus.
(b) Il y a de grandes messes et processions religieuses.
(c) l'agneau / des plats délicieux
(d) du ciel
(e) des lapins et des poissons

Speaking

2 Sample answers:

(a) C'est l'anniversaire d'un petit garçon qui a six ans. Il y a un gâteau d'anniversaire en chocolat et toute sa famille est là. On applaudit.

(b) Mes parents organisent une soirée pour moi ou de temps en temps je sors avec mes copains.

(c) Je vais passer la journée avec mes amis au centre sportif puis, le soir, j'irai dans un restaurant en ville avec ma famille et nous dînerons ensemble.

(d) Moi, je préfère Noël parce que je reçois plein de cadeaux et de cartes et qu'on fait un grand repas. Tout le monde est content et j'aime ça.

(e) Oui, on mange trop, surtout à Noël, et certaines personnes boivent trop d'alcool. À mon avis, c'est dommage parce que ce n'est pas bon pour la santé.

Listen to the recording

27. Festivals

Reading

1 B, D, E, G

Listening

2 (a) New Year's Day
(b) Saint Valentine's Day
(c) Mother's Day

Local, national, international and global areas of interest

28. Holiday preferences

Reading

1 C, E, F, I

Writing

2 Sample answer:

Moi, je préfère aller en vacances au bord de la mer parce que j'adore me faire bronzer et pratiquer les sports nautiques comme la voile et le ski nautique. J'aime aussi nager et faire de la plongée.

Il y a deux ans je suis allé dans le sud de la France avec ma famille et on a passé des vacances formidables sur la côte dans un gîte.

Il a fait beau presque tous les jours, alors j'ai nagé dans la mer et mes parents ont pu se faire bronzer.

Selon moi, les vacances sont essentielles pour éviter le stress quotidien.

Un jour, j'aimerais aller en Grèce car c'est un pays pittoresque.

29. Hotels

Speaking

1 Teacher transcript and sample answers:

T: Bonjour. Je peux vous aider?
S1: Je voudrais deux chambres pour deux personnes.
T: Quel type de chambres voulez-vous?
S2: Je voudrais deux chambres à deux lits avec douche, s'il vous plaît.
T: Pourquoi passez-vous vos vacances en France?
S3: J'aime bronzer et faire de la natation.
T: Que prenez-vous pour le petit déjeuner?
S4: Je prends un croissant et du café.
T: D'accord.
S5: Il y a un parking à l'hôtel?
T: Oui, bien sûr.

Listen to the recording

Reading

2 (a) B (b) A (c) A (d) C

30. Campsites

Listening

1 D, E, B, G

Speaking

2 Sample answers:

(a) Il y a des jeunes dans des tentes dans un camping. À l'arrière plan, il y a un champ et des arbres.

(b) Oui, j'ai passé une semaine dans un camping en Bretagne avec ma famille il y a deux ans. Je me suis bien amusé.

(c) Ce n'est pas cher et on est en plein air, mais un hôtel est plus confortable, surtout quand il pleut ou qu'il fait du vent. Il y a aussi le problème des insectes!

(d) Je vais faire du camping au pays de Galles avec mes copains et j'espère qu'il ne va pas pleuvoir.

(e) J'aime assez faire du camping parce que c'est relaxant à la campagne.

Listen to the recording

31. Accommodation

Listening

1 B, A, F, E

Writing

2 (a) Je préfère un hôtel.
(b) Mon frère aime les caravanes.
(c) Mes parents n'aiment pas les campings.
(d) Je pense que les hôtels sont très chers.
(e) L'année dernière j'ai logé dans un grand hôtel au bord de la mer pendant deux semaines.

32. Holiday destinations

Reading

1 D, E, H, I

Listening

2 B, A, F, D

33. Travel

Speaking

1 Sample answers:

(a) *Moi, j'aime bien voyager car* il est important d'élargir ses horizons et j'adore découvrir la culture et les traditions d'autres régions. J'aime également essayer les plats locaux et les spécialités du pays.

(b) J'aimerais voyager en Afrique car c'est un continent mystérieux, à mon avis. J'ai envie de visiter le Maroc en particulier, car on m'a dit que les marchés sont magnifiques et que les habitants sont chaleureux et aimables. À l'avenir, je voudrais aussi faire un safari afin de découvrir les animaux dans leur habitat naturel.

(c) J'ai visité quelques pays en Europe, comme l'Espagne et l'Allemagne, mais mon pays préféré c'est la France. J'y suis allé quatre fois et les vacances que j'ai passées à Biarritz étaient superbes. J'y ai fait de la planche à voile et nous avons logé dans un hôtel cinq étoiles tout près de la mer.

Listen to the recording

Writing

2 Sample answer:

Normalement je passe mes vacances en Espagne. Je préfère prendre l'avion car c'est rapide et pratique, mais quelquefois j'ai peur. En vacances j'aime louer un vélo, ainsi je peux visiter tous les endroits intéressants de la région.

34. Holiday activities

Reading

1 I cannot stand holidays where you do nothing as I always like to be active. Last year I went skiing in Canada and this year I will go to Germany. I hope to go rock climbing there and have long walks in the mountains. On the other hand, my sister prefers stretching out in the sun, reading a detective novel or going shopping.

Listening

2 (a) by the sea / on the coast
(b) longer
(c) (rock) climbing
(d) likes the sun / likes to get a tan

35. Holiday plans

Reading

1 (a) A (b) B (c) C (d) B (e) C

Listening

2 (a) C
(b) H
(c) A
(d) E
(e) F

36. Holiday experiences

Listening

1 B, F, H, C

Writing

2 Sample answer:

D'habitude je passe mes vacances avec ma famille et j'aime ça car tout le monde s'entend bien et mes parents paient tout. Je sais qu'il y a parfois des problèmes, surtout quand mon frère est égoïste, mais la plupart du temps, c'est génial.

L'été dernier j'ai passé mes vacances à Paris avec ma famille. Puisque mon père et mon frère adorent l'histoire, c'était idéal pour eux. Ma mère et moi, nous aimons bien la mode, alors nous étions aussi contentes de la destination. Nous avons fait les magasins et moi, j'ai acheté une robe élégante qui me plaît beaucoup.

Mon père et mon frère ont visité tous les monuments historiques et mon père a trouvé le Louvre super intéressant.

37. Transport

Speaking

1 Sample answers:

Listen to the recording

(a) *Je n'aime pas voyager en train parce que je trouve ça ennuyeux, surtout pour les longs voyages. J'écoute de la musique ou je lis, mais à mon avis, ce n'est pas agréable.*

(b) Je préfère voyager en avion car c'est très rapide. Je n'ai pas peur en avion mais je sais que c'est un moyen dangereux de voyager. Néanmoins, j'aime prendre l'avion.

(c) On peut prendre l'Eurostar, y aller en avion ou en bateau. La dernière fois que je suis allé en France, nous sommes allés jusqu'à la côte anglaise en voiture, puis on a pris le ferry pour Calais, mais la mer était agitée et j'étais assez malade.

Writing

2 Je déteste voyager en voiture parce que je suis souvent malade. Par exemple, l'été dernier je suis allé à Londres avec mes parents et on a dû s'arrêter car j'avais mal à la tête. Je préfère aller partout en vélo si je peux, mais pour les plus longs voyages je prends le car. La semaine prochaine ma famille va rendre visite à ma tante en Espagne, mais nous n'allons pas voyager en avion car mes parents ont peur de prendre l'avion.

38. Directions

Reading

1 C, D, F, I

Listening

2 E, A, D, C

39. Holiday problems

Writing

1 Sample answer:

En vacances il y a souvent du stress, par exemple avec les parents. Il y a aussi les problèmes à l'aéroport si le vol est retardé. Naturellement, il peut également y avoir des problèmes de logement et de transport comme des hôtels sales ou une voiture qui tombe en panne.

Les vacances, c'est souvent trop cher aussi, surtout quand on voyage.

Mes vacances de rêve seraient en Grèce car l'histoire ancienne me plaît.

L'année dernière en Espagne, les employés de notre hôtel étaient impolis et les repas dans le restaurant n'étaient pas bons, donc on ne va pas y retourner.

Listening

2 (a) C (b) A (c) D

40. Asking for help

Speaking

Listen to the recording

1 Teacher transcript and sample answers:

T: Bonjour. Je peux vous aider?
S1: Bonjour. Je rapporte ce pantalon.
T: Vous l'avez acheté où et quand?
S2: Je l'ai acheté hier dans ce magasin.
T: Quel est le problème?
S3: Il y a un petit trou, et je n'aime pas la couleur.
T: D'accord.
S4: J'aimerais un pantalon bleu.
T: Pas de problème.
S5: Voulez-vous voir une pièce d'identité?
T: Non, ce n'est pas nécessaire.

Listening

2 B, D, F, G

41. Eating out in a café

Reading

1 B, D, G, H

Listening

2 ☹ C, F ☺ A, B 😐 D

42. Eating out in a restaurant

Reading

1 (a) F (b) H (c) I (d) C

Speaking

Listen to the recording

2 Sample answers:

(a) *Sur la photo il y a une famille qui mange dans un restaurant. Je crois qu'il y a le père, la mère, deux enfants et les grands-parents. Les adultes boivent du vin et les petits boivent de l'eau. Tout le monde a l'air content.*

(b) Manger dans un restaurant, ça me plaît parce que j'adore essayer des plats différents et je suis assez gourmand. Je préfère les restaurants chics où la cuisine est d'une qualité exceptionnelle.

(c) Quand je vais au restaurant, j'aime mieux prendre des pâtes à la sauce piquante car je trouve les repas épicés délicieux. J'aime aussi l'agneau mais je n'aime pas le porc car le goût me déplaît.

130

(d) La semaine dernière je suis allé dans un restaurant italien avec ma famille. Nous avons pris une pizza délicieuse et j'ai bu du coca, mais mes parents ont commandé une bouteille de vin rouge car nous avons fêté l'anniversaire de ma mère.

(e) Je voudrais bien aller dans un restaurant indien qui se trouve assez près de chez moi, car mes amis disent qu'on y sert des plats vraiment savoureux.

43. Buying gifts

Listening

1 (a) gloves (b) earrings (c) sweets

Speaking

2 Teacher transcript and sample answers:

Listen to the recording

T: Bonjour. Je peux vous aider?
S1: Bonjour madame. Je voudrais acheter un sac à main.
T: Ah oui. De quelle couleur?
S2: Je voudrais un sac vert, je crois.
T: Voilà. C'est pour qui?
S3: C'est pour ma mère.
T: Ah oui, c'est pour une occasion spéciale?
S4: C'est pour son anniversaire.
T: Quelle bonne idée!
S5: C'est combien?
T: Ça fait cinquante euros.

44. Opinions about food

Reading

1 (a) Patrick (b) Mara (c) Joshua (d) Ruby

Listening

2 ☺ G, D   ☹ E, B

45. Weather

Reading

1 (a) C (b) A (c) C

Listening

2 (a) East = snowing
(b) South = sunny
(c) West = windy
(d) North = raining

46. Tourism

Reading

1 (a) B (b) C (c) A (d) C

Writing

2 Sample answer:
1 Il y a trois filles.
2 Elles mangent une glace.
3 Il fait beau.
4 Elles bavardent.

47. Describing a town

Writing

1 Sample answer:
J'habite dans une petite ville dans le sud de l'Angleterre. On peut y visiter la cathédrale. Il y a un centre commercial et un cinéma et on peut aussi aller au centre sportif. J'aime ma ville parce qu'elle est animée et que j'ai des copains ici. Cependant, je voudrais habiter en Espagne.

Reading

2 (a) *nothing extraordinary*
(b) to finish work / to look forward to an evening with family
(c) mines closed / Dad unemployed
(d) one day
(e) he retired / he and Mum returned to the north
(f) warm atmosphere

48. Countries

Listening

1 (a) Switzerland (b) Austria (c) Tunisia (d) China

Speaking

2 Sample answers:

Listen to the recording

(a) J'ai déjà visité l'Espagne et la Belgique avec ma famille. Je les ai trouvées très différentes. J'ai passé une semaine au bord de la mer dans le sud de l'Espagne et il faisait très chaud, même trop chaud, mais je me suis bien amusé à bronzer et à nager dans la mer. Cependant, mes vacances en Belgique étaient plus culturelles puisque j'ai visité les monuments historiques, quelques musées et des champs de bataille de la Première et de la Deuxième Guerres mondiales.

(b) Je voudrais aller au Brésil car il y fait très chaud et j'ai envie de bronzer et de jouer au foot sur les plages célèbres de Rio. On dit que c'est un beau pays pittoresque et j'aimerais également regarder un match de foot dans un des stades de la région.

(c) Naturellement il y a des problèmes de transport, surtout si on voyage en avion, mais si on ne parle pas la langue, il sera peut-être difficile de communiquer avec les gens du pays. De plus, la cuisine peut être trop épicée ou trop différente, ce qui est un inconvénient si on tombe malade.

49. Places to visit

Writing

1 J'ai déjà voyagé à l'étranger mais j'aimerais vraiment visiter l'Australie parce que je n'y suis jamais allé. Mes parents voudraient aller au théâtre à Sydney et ma sœur aimerait aller sur les plages connues car elle aime faire des sports nautiques et bronzer. J'adore la nature, alors ce scrait super de voir des animaux sauvages et on m'a dit que c'est un joli pays.

Speaking

2 Teacher transcript and sample answers:

Listen to the recording

T: Bonjour. Je peux vous aider?
S1: Bonjour. Je voudrais faire une excursion à Rouen.
T: Ah bon. Quand voulez-vous y aller?
S2: Je voudrais y aller demain.
T: D'accord. Et qu'est-ce que vous préférez faire comme activités l'après-midi et pourquoi?
S3: J'aimerais visiter un musée car j'adore l'histoire.
T: Et qu'est-ce que vous avez déjà visité à Paris?
S4: J'ai visité la Tour Eiffel.
T: C'est intéressant, ça.
S5: Vous pouvez me recommander un restaurant à Rouen?
T: Ah oui, il y a un bon restaurant italien rue Beauvoisine.

50. Describing a region

Reading

1 C, D, E, G

Speaking

2 Sample answers:

Listen to the recording

(a) *Sur la photo il y a un vieux bâtiment au milieu d'une rivière. C'est la nuit et* il y a des cafés et des bars au bord de la rivière.

(b) Moi, j'aime aussi habiter en ville car c'est plus animé. On peut facilement faire les magasins et on peut aller au ciné ou au centre sportif aussi.

(c) Je voudrais habiter en Espagne dans une maison énorme au bord de la mer avec une piscine en plein air, donc je pourrais nager tous les jours.

(d) À mon avis, la campagne est trop tranquille et il n'y a rien à faire, à part les promenades. On ne peut pas sortir le soir.

(e) Oui, je suis allé à Paris avec un groupe de mes copains du collège et j'ai aussi visité Rouen avec ma famille. Je me suis très bien amusé car la France me plaît bien.

51. Volunteering

Writing

1 Sample answer:

Selon moi le travail bénévole est vraiment important car il permet aux jeunes d'acquérir des connaissances et de se former par la participation active à des services organisés ou au niveau individuel. De plus, faire du bénévolat donne à l'individu un sentiment de bonheur car on peut aider les pauvres, les jeunes ou les personnes âgées, sans parler des SDF ou des chômeurs.

J'ai déjà fait du travail bénévole dans ma région où j'ai aidé les personnes âgées. J'ai promené les chiens, j'ai fait les courses et j'ai travaillé dans le jardin et je vais continuer à chercher d'autres moyens d'aider plus de gens. Il y a un mois, j'ai commencé à aider les SDF dans une organisation caritative qui est située dans la ville où j'habite et la semaine dernière, j'ai distribué des vêtements et des couvertures à des gens qui dormaient dans la rue.

Listening

2 (a) a TV programme about poverty
(b) build a clinic / to help the local people who fall ill
(c) construction skills
(d) a citizen of the world / proud

52. Helping others

Speaking

1 Sample answers:

(a) *J'écoute les problèmes de tous mes copains et je leur donne des conseils prudents. Par exemple, hier j'ai dit à ma copine Amanda qu'elle devrait se concentrer sur ses études au lieu de sortir tous les soirs.*

(b) Le week-end dernier, j'ai aidé mon petit frère avec ses devoirs de maths et il était très content. Samedi, j'ai lavé la voiture de mon père et il a été étonné quand j'ai refusé d'accepter de l'argent! Demain, je vais nettoyer la cuisine et travailler dans le jardin, s'il fait beau.

(c) Aider les autres m'intéresse beaucoup parce que je pense que c'est juste. Si j'ai un don particulier, je peux aider mes amis ou ma famille, mais si j'ai besoin d'aide, ils m'aideront aussi.

Writing

2 Sample answers:
1 Il y a des jeunes dans un parc.
2 Elles ramassent des déchets.
3 Elles portent un tee-shirt vert.
4 Une fille met une bouteille dans un sac.

53. Charities

Reading

1 (a) *il y a six mois*
(b) pour contrer la société individualiste / montrer que les humains sont plus forts quand ils s'unissent
(c) il a perdu un proche à cause de cette maladie
(d) il téléphone aux gens pour demander de l'argent
(e) *either:* il fait une différence, *or:* la recherche apporte quelque chose / aide les autres

Listening

2 E, B, F

54. Healthy eating

Reading

1 (a) Roger (b) Ibrahim (c) Pauline (d) Robert

Listening

2 (a) E (b) G (c) I (d) C

55. Healthy lifestyles

Speaking

Listen to the recording

1 Sample answers:

(a) Pour être en forme je pratique beaucoup de sports comme le foot et le tennis. Je mange équilibré et je ne passe pas beaucoup de temps devant un écran car il faut être actif.

(b) À l'avenir, je vais essayer de faire même plus de sport, par exemple je voudrais bien tenter la planche à voile et aussi le ski nautique car j'aime bien les sports nautiques. Je ne fumerai jamais et je boirai de l'alcool avec modération.

Writing

2 Sample answers:
1 Il y un groupe dans une salle.
2 Ils font de la gymnastique.
3 Je vois des hommes et des femmes.
4 Il fait assez beau dehors.

56. Poverty

Reading

1 C, E, A, F, H, B

Writing

2 La pauvreté est un problème grave dans plusieurs pays. Récemment j'ai visité l'Afrique où j'ai vu beaucoup de gens pauvres qui avaient faim. J'étais très triste. J'ai décidé d'envoyer de l'argent à une association caritative qui aide les enfants à l'étranger et je vais faire du travail bénévole dans ma propre ville.

57. Homelessness

Speaking

Listen to the recording

1 Sample answers:

(a) Je pense que c'est triste. Il y a beaucoup de sans-abri qui ne peuvent pas rentrer chez eux car ils ont des problèmes de famille. Il y a aussi plein de SDF qui n'ont pas d'emploi, alors ils n'ont pas de maison!

(b) J'ai fait du bénévolat dans un abri pour les SDF où je leur ai préparé des repas chauds. J'ai aussi distribué des sacs de couchage et des vêtements chauds aux SDF dans ma ville.

Listening

2 (a) unemployment
(b) worked in a shop/distributed soup to the homeless
(c) that they will steal to get money

58. Being green

Reading

1 (a) *Yannick* (c) Denis (e) Denis
(b) Thomas (d) Yannick (f) Thomas

Listening

2 (a) E (b) C (c) B

59. Protecting the environment

Reading

1 We are in the process of destroying the planet. Lots of animals are threatened by man's actions and we must protect the Earth. The sea level has been rising for several years because of global warming and climate change. Pollution has increased health risks and we should act in order to resolve this serious problem.

Speaking

2 Sample answers:

(a) À mon avis, le problème le plus grave c'est l'effet de serre qui provoque le réchauffement de la Terre. Naturellement, il y a trop de pollution aussi, mais je crois que ce n'est pas si grave.

(b) J'ai presque tout recyclé, y compris le verre et le papier. Le week-end dernier, je suis allé au centre de recyclage avec mes parents et on a recyclé le métal et le carton.

(c) On pourrait interdire aux voitures et aux poids lourds de rouler en centre-ville car ils causent beaucoup de pollution. De plus, on devrait encourager les gens à prendre les transports en commun afin d'économiser l'énergie.

Listen to the recording

60. Environmental issues

Speaking

1 Sample answers:

(a) Il y a un jeune Africain qui boit de l'eau du robinet. Il n'a pas de verre, alors il boit l'eau dans sa main.

(b) Le problème le plus grave, selon moi, c'est le manque d'eau, surtout en Afrique où il pleut rarement.

(c) J'ai baissé le chauffage central chez nous, j'ai aussi dit à mes parents d'éteindre la lumière quand ils quittent une pièce car je crois qu'il faut économiser plus d'énergie.

(d) À mon avis, la plus grande menace c'est le changement climatique qui provoquera plein d'inondations. Comme le niveau de la mer montera, beaucoup d'îles seront en danger de disparition.

(e) Je pense que ces organisations sont excellentes. Il faut aider les organisations caritatives comme Greenpeace, qui essaient de résoudre les problèmes de l'environnement. À l'avenir, je vais leur donner de l'argent.

Listen to the recording

Listening

2 B, C, E, G

61. Natural resources

Listening

1 (a) cotton
   (b) deforestation / animal species disappearing
   (c) more pesticides used
   (d) find land for more vegetables to be grown

Reading

2 B, D, E

62. World problems

Listening

1 (a) earthquake
   (b) strong winds
   (c) thousands of inhabitants have had to vacate their homes / they could not take all their belongings / rain still falling (any 2 from 3)
   (d) fire / danger to animals

Reading

2 In the world, there are lots of homeless people. You must give money to the organisations which help them. I think that there is too much unemployment, especially in Europe, so governments should do something. I don't like to see the destruction of the natural habitats of wild animals in Africa. I visited Australia last month and there were lots of animals who were living there with no problems.

Current and future study and employment

63. School subjects

Reading

1 (a) G (b) B (c) I (d) H

Listening

2 ☹ E, H   ☺ B, G

64. School life

Writing

1 (a) *J'aime mon collège.*
   (b) Les bâtiments sont anciens.
   (c) Il y a beaucoup de clubs.
   (d) Ma matière préférée c'est la musique car le prof est gentil.
   (e) L'année dernière je suis allé en Espagne avec mon collège.

Speaking

2 Sample answers:

(a) *Il y a huit élèves qui travaillent dans une salle de classe. Je crois qu'ils sont en train de faire leurs devoirs.*

(b) Dans une bonne école il y a des profs travailleurs et des élèves qui veulent apprendre. Il y a aussi des clubs après l'école.

(c) Je n'aime pas les maths car c'est une matière difficile et compliquée.

(d) J'étudie le français depuis quatre ans mais je trouve ça difficile.

(e) Je voudrais continuer mes études parce que j'aimerais avoir le bac.

Listen to the recording

65. School day

Speaking

1 Sample answers:

(a) Après avoir préparé mes affaires, je vais au collège en car. Une fois arrivé(e) je vais directement à la salle de classe où on a l'appel. Le matin il y a quatre cours et chaque cours dure une heure. À dix heures et demie on a une récré de vingt minutes, ce qui me plaît car je peux bavarder avec mes amis ou jouer au foot s'il fait beau. Les cours se terminent à midi et demi.

(b) Naturellement je prends mon déjeuner à l'école; normalement un sandwich, des chips et un jus de fruits. Après avoir mangé, je fais du travail scolaire à la bibliothèque avant de parler avec mes copains ou d'aller au club d'échecs.

(c) Hier, c'était une journée fatigante car j'ai eu deux cours d'EPS avant la récré, et avant de déjeuner j'ai passé un examen blanc en maths, qui était difficile à mon avis. Après avoir mangé, je suis allé à l'entraînement de foot. Le dernier cours était sciences et nous avons eu une épreuve. Je suis enfin rentré chez moi vers quatre heures.

Listen to the recording

Reading

2 A, F, G, I

66. Comparing schools

Reading

1 A, E, F, I

Listening

2 C, D, G, I

67. Describing schools

Speaking

1 Teacher transcript and sample answers:

Listen to the recording

T: Salut. Les cours commencent à quelle heure?
S1: Les cours commencent à huit heures vingt.
T: Ah bon. Comment vas-tu au collège?
S2: J'y vais en bus.
T: OK.
S3: Quelle est ta matière préférée?
T: Moi, je préfère les maths car c'est intéressant. Tu as eu beaucoup de devoirs hier?
S4: J'ai eu des devoirs de maths et d'anglais.
T: D'accord. Tu pratiques quels sports au collège?
S5: Je joue au foot en hiver et je fais de l'athlétisme en été.

Writing

2 Mon copain, Marc, va à un grand collège mixte dans le nord de la France. Il aime beaucoup le collège mais il a trouvé l'anglais très difficile. Je suis allé à son collège l'année dernière et c'était assez intéressant. Les cours commencent plus tôt qu'en Angleterre et les élèves ne portent pas d'uniforme scolaire. Marc va visiter mon école l'année prochaine.

68. School rules

Writing

1 Sample answer:
Le règlement de mon école est assez strict. Naturellement, il faut respecter les professeurs et être à l'heure et ça c'est juste, mais je déteste porter l'uniforme scolaire qui se compose d'un blazer bleu, d'une chemise blanche et d'un pantalon noir. Hier une copine n'a pas porté sa cravate et elle a été punie. Je trouve ça ridicule. Il ne faut pas porter de bijoux et je trouve ça injuste, alors je changerais cette règle parce que je voudrais pouvoir porter des boucles d'oreilles et une bague.

Listening

2 (a) C (b) C (c) A

69. Problems and pressures

Reading

1 (a) faire ses devoirs / réviser pour les contrôles
(b) discuter de ce qu'elle a appris avec ses parents
(c) examen de violoncelle
(d) rien / jouer avec son chat / inviter ses copines
(e) prof de chimie
(f) vérifient que les profs travaillent / comparent les résultats des élèves (du collège voisin)

Writing

2 Sample answer:
Au collège il y a trop de stress causé par les examens à venir. Moi, je suis stressé(e) car j'ai peur de rater mes examens et je travaille dur depuis deux mois. Je me fâche facilement avec mes copains et mes parents et je suis très triste. Je sais que j'ai beaucoup révisé, mais je ne peux pas me relaxer. Après avoir passé mes examens, je vais regarder beaucoup de télé, écouter de la musique et aussi sortir avec mes amis.

70. Primary school

Reading

1 (a) E (b) A (c) B (d) F

Listening

2 (a) C (b) B (c) C (d) A

71. Success in school

Reading

1 (a) *Régine* (b) Mamadou (c) Ibrahim (d) Sophie
(e) Régine (f) Sophie

Speaking

2 Sample answers:

Listen to the recording

(a) Je vais au club de théâtre car j'aime l'art dramatique, et je suis membre de l'orchestre scolaire.
(b) Je joue au foot en hiver et au tennis en été, mais je préfère jouer au rugby et je m'entraîne au collège deux fois par semaine.
(c) J'ai fait des progrès en maths et sciences et j'ai joué au rugby pour l'équipe de mon école.

72. School trips

Writing

1 Sample answer:
L'année dernière, mon collège a décidé d'organiser une excursion à Londres et puisque c'était une visite au théâtre et que je m'intéresse beaucoup à l'art dramatique, j'y ai participé. En général j'aime les voyages scolaires car ils sont stimulants et normalement mes copains sont là, alors on s'amuse bien ensemble.
Cette fois, on a vu une pièce comique dans un vieux théâtre célèbre et c'était vraiment intéressant et marrant. Après avoir quitté le théâtre, j'ai pu passer une heure au centre-ville où j'ai acheté quelques petits souvenirs pour ma famille, ce qui m'a beaucoup plu, avant de rentrer en car.
L'année prochaine, on va organiser une excursion à Stratford pour voir une pièce de Shakespeare et j'aimerais bien y aller parce que je n'y suis jamais allé et que je voudrais voir tous les sites historiques là-bas.

Reading

2 I like school trips. They are often interesting and fun because my friends are with me. I don't like coach journeys abroad because they are too long and I get a bit bored. Last year I went to Spain with my history class. It was great because I could practise my Spanish.

73. Exchanges

Speaking

1 Teacher transcript and sample answers:

Listen to the recording

T: C'est quoi, comme excursion?
S1: C'est un voyage à Paris et le billet coûte cent euros.
T: On voyage comment et à quelle heure?
S2: On voyage en car et on part à huit heures.
T: Pourquoi est-ce que tu veux faire cette visite?
S3: Je voudrais voir la tour Eiffel.
T: Le voyage dure combien de temps?
S4: Le voyage dure deux heures.
T: D'accord.
S5: Que penses-tu des échanges?
T: J'aime bien les échanges.

Listening

2 (a) *none* (b) coach trip (c) bowling/meal
(d) have a dictionary with her

74. Future plans

Reading

1 (a) Amélie (b) Antonin (c) Dany (d) Laetitia

Writing

2 Sample answer:
On dit que je suis assez travailleur et responsable mais que je suis un peu timide de temps en temps. J'ai déjà travaillé dans un petit magasin de mon quartier où je servais les clients et mon patron était très content de moi. Pour moi, avoir de l'ambition est important parce que je voudrais réussir dans la vie. J'aimerais aller à l'université afin de trouver un emploi satisfaisant et bien payé, mais, à mon avis, ce qui importe, c'est le bonheur.

75. Languages beyond the classroom

Speaking

1 Teacher transcript and sample answers:

Listen to the recording

T: C'est quand le film, et où?
S: C'est ce soir à huit heures au cinéma en ville.
T: Parle-moi du dernier film que tu as vu.
S: J'ai vu le dernier James Bond et c'était passionnant.
T: Qu'est-ce qu'il y a à faire dans ta ville ?
S: Il y a un stade de foot et on peut aussi aller au théâtre.
T: Quel genre de film préfères-tu et pourquoi ?
S: Je préfère les films comiques, car j'aime rire.
T: C'est intéressant, ça.
S: Que penses-tu des films anglais?
T: J'aime bien les films anglais.

Reading

2 (a) Elle parle presque sans accent / elle se présente facilement dans les médias français / elle se double elle-même dans la version française de ses propres films.
   (b) Ses parents voulaient qu'elle s'immerge dans la culture francophone.
   (c) Elle a eu son bac.
   (d) Elle hésite un peu (au téléphone) / elle se trompe de genre.
   (e) Parler le français a changé sa vie / elle dit que celle qui sait parler deux langues vaut deux femmes.

76. Future aspirations

Speaking

1 Sample answers:

Listen to the recording

   (a) *À l'avenir je voudrais me marier car* je pense que le mariage est important pour montrer son amour. Si je rencontre un partenaire avec qui je m'entends bien, ma vie sera heureuse. Par contre, je voudrais trouver un bon emploi avant de me marier.
   (b) *J'aime bien les enfants mais je ne sais pas si je voudrais avoir mes propres enfants immédiatement parce que* j'aimerais avoir assez d'argent avant de commencer à fonder une famille.
   (c) *Je pense que je suis sociable, alors* je crois qu'il ne sera pas difficile de me faire de nouveaux amis à l'avenir, quand je quitterai l'école. J'espère aller à l'université et il y aura plein de gens avec qui je pourrai m'entendre.

Listening

2 (a) funny (b) rich (c) reliable

77. Jobs

Speaking

1 Sample answers:

Listen to the recording

   (a) Il y a un homme d'affaires qui travaille sur un ordinateur portable dans un bureau. Deux collègues lui parlent. Je crois qu'ils travaillent à l'étage le plus élevé parce qu'on ne peut pas voir d'autres bâtiments de la fenêtre.
   (b) Moi, je crois qu'il est très important de ne pas travailler le week-end, sauf si on travaille pour des services d'urgences naturellement, parce qu'il faut se détendre un peu.
   (c) Je viens de trouver un petit job dans un restaurant et hier j'ai dû nettoyer la cuisine, ce qui était vraiment difficile car il y avait des ordures partout. Ce n'était pas du tout agréable.
   (d) Je vais faire un stage afin de découvrir quel métier je voudrais faire à l'avenir. Je vais aussi parler à des personnes qui font plusieurs emplois différents et discuter avec mes parents et mes professeurs.

   (e) Je pense qu'il est important d'aller à l'université. En effet, avec une licence en poche, on pourra trouver un meilleur emploi et être bien payé.

Listening

2 (a) an engineer (b) a taxi driver (c) a factory worker (d) a cook

78. Part-time jobs

Writing

1 Sample answers:
   1 C'est dans un café.
   2 Il y a une jeune femme.
   3 Elle sert les clients.
   4 Je vois un sandwich.

Reading

2 B, D, E, H, J

79. Opinions about jobs

Listening

1 (a) S (b) V (c) E (d) S

Reading

2 (a) Samuel (b) Alain (c) Jasmine (d) Paulette

80. Workplaces

Listening

1 (a) chemist's shop (b) hairdresser's salon (c) town hall

Reading

2 My sister works in a clothes shop in town. She serves the customers and makes coffee for her colleagues. She doesn't like her job because it's quite boring and she does not get on well with her boss. Yesterday she had to clean the shop at the end of the day. In the future she is going to look for another job in a sports centre.

81. Applying for jobs

Listening

1 B, F, G, H

Reading

2 (a) C (b) B (c) A (d) C

82. Future studies

Speaking

1 Sample answers:

Listen to the recording

   (a) *Il y a un groupe d'étudiants* qui viennent de recevoir leur licence à l'université. Ils sont tous très contents.
   (b) Si on va à l'université, on peut trouver un emploi mieux payé, mais aller à l'université, ça coûte cher et c'est difficile.
   (c) Le mois dernier j'ai préparé un projet sur l'environnement. C'était intéressant parce que j'ai fait un sondage en ville.
   (d) Moi, je ne voudrais pas étudier à l'étranger parce que j'ai beaucoup d'amis en Angleterre, alors j'aimerais aller à l'université ici.
   (e) Pour ceux qui voudraient apprendre un métier spécialisé, c'est très important, mais pour les autres c'est une perte de temps.

Reading

2 I don't know if I'm going to go to university. My parents went and they have good jobs, but I'm not as hard working as they are. I'd like to become a lawyer, that's true, and my teachers say that I am clever enough; however, I don't think that I would be able to bear the stress. I'm going to take a gap year and I'll travel a lot, but I shall nevertheless finally have to decide what I'd like to do in life.

83. Future professions

Reading

1   B, E, F, H

Listening

2   A, C, D

84. Future intentions

Writing

1   On dit que j'aime beaucoup voyager. J'ai déjà visité plusieurs pays en Europe et l'été prochain je vais passer un mois au Canada avec ma famille. Mon rêve serait d'aller aux États-Unis car je m'intéresse à l'histoire américaine. Si j'économise assez d'argent, je pourrai loger dans un hôtel cinq étoiles à New York.

Listening

2   (a) B (b) B (c) B

Grammar

85. Articles 1

A   1   les commerces
    2   la pharmacie
    3   les toilettes
    4   l'hôtel
    5   les cinémas
    6   le bowling
    7   la gare
    8   le parking
    9   les rues
    10 l'appartement

B   1   la chienne
    2   les serpents
    3   l'araignée
    4   le chat
    5   la tortue
    6   l'éléphant
    7   les poissons
    8   le canard
    9   la mouche
    10 les cochons d'Inde
    11 la grenouille
    12 le singe

C   1   un salon
    2   une salle de bains
    3   un jardin
    4   une chambre
    5   un sous-sol
    6   une cuisine
    7   une salle à manger

D
le chien – les chiens; un château – *des châteaux*; l'animal – *les animaux*; *une voiture* – des voitures
le nez – *les nez*; le bateau – *les bateaux*; un hôtel – *des hôtels*; l'arbre – les arbres;
une page – des pages; *l'eau* – les eaux; une araignée – *des araignées*; *la destination* – les destinations

86. Articles 2

A   1   des œufs
    2   de la confiture
    3   du pain
    4   des haricots verts
    5   de l'eau minérale
    6   du jambon
    7   des frites
    8   de la crème
    9   de l'huile
    10 du riz

B   Tu veux des pâtes, des abricots, du fromage, du chocolat, des olives, du porc, des pommes de terre, du ketchup, de l'ananas, du potage, des œufs, du sel et du poivre?

C   1   Je n'ai pas d'argent. I don't have any money.
    2   Je n'ai pas de pain. I don't have any bread.
    3   Je n'ai pas de céréales. I don't have any cereal.
    4   Je n'ai pas de pizza. I don't have any pizza.

D   Tu as des fruits et des légumes? Oui, j'ai des fruits mais je n'ai pas de légumes. Par exemple, j'ai des pêches et des cerises mais je n'ai pas de carottes ni de pommes de terre. Cependant, j'ai du pain et du Nutella, donc on peut manger des sandwichs.

E   1   à la patinoire
    2   à la crêperie
    3   au théâtre
    4   à l'hôtel de ville
    5   aux magasins
    6   au café-tabac

F   1   au salon
    2   à la cuisine
    3   à la salle de bains
    4   aux chambres
    5   à la salle de jeux
    6   au jardin
    7   à l'atelier
    8   au grenier
    9   à la cave
    10 à l'entrée
    11 au garage
    12 à la salle à manger

87. Adjectives

A   1   Ma mère est petite.
    2   Mon père est grand.
    3   Ma maison est belle.
    4   Mon chat est noir.
    5   Elle est heureuse.
    6   Les fenêtres sont chères.

B   1   Mon chien est triste.
    2   Mes crayons sont blancs.
    3   Ma mère est intelligente.
    4   Mes frères sont timides.
    5   Mes sœurs sont grosses.
    6   Ma chatte est très mignonne.

C

grand	grande	**grands**	grandes	big/tall
petit	petite	**petits**	**petites**	**small**
noir	**noire**	noirs	**noires**	**black**
neuf	neuve	**neufs**	neuves	**new**
dernier	**dernière**	derniers	**dernières**	last
marron	**marron**	marron	**marron**	(chestnut) brown
triste	**triste**	tristes	**tristes**	sad
sérieux	**sérieuse**	sérieux	**sérieuses**	serious
gentil	gentille	**gentils**	gentilles	kind
sec	sèche	secs	**sèches**	**dry**
drôle	**drôle**	drôles	**drôles**	funny
vieux	vieille	**vieux**	vieilles	old
beau	belle	beaux	**belles**	**beautiful**
ancien	**ancienne**	anciens	**anciennes**	ancient
blanc	**blanche**	blancs	**blanches**	white
sportif	sportive	**sportifs**	sportives	**sporty**

D   1   Elle a de beaux yeux bleus.
    2   Les meilleures fleurs jaunes.
    3   Mes vieilles baskets blanches.
    4   Mes pauvres parents malades.

88. Possessives

A   1   Dans ma famille, il y a mon père, ma mère, ma sœur et mes deux frères. Ma grand-mère vient souvent nous rendre visite avec mon grand-père. Mon amie adore mes grands-parents et elle vient jouer avec toutes mes affaires quand ils sont là.
    2   Dans sa chambre, elle a son lit, ses livres, son bureau, sa télévision, ses bijoux, son téléphone et son/ses nounours.
    3   Dans notre collège, nous avons nos professeurs, notre bibliothèque, notre cantine et notre terrain de sport. Et vous, qu'est-ce que vous avez dans votre collège et dans vos salles de classe? Vous avez vos tableaux blancs interactifs et votre gymnase?
    4   (a) Comment s'appellent ton père et ta mère?
        (b) Qu'est-ce que tu achètes avec ton argent?
        (c) C'est quand ton anniversaire?
        (d) Qu'est-ce qu'il y a dans ta ville ou ton village?
    5   Dans leur village, ils ont leur mairie, leurs cinémas, leur pharmacie, leur boulangerie, leurs cafés, leurs parcs, leur hôpital, leur école et tous leurs petits commerces.

B   *Examples from the table:* Mon fromage est très timide; Nos copines ne sont pas très honnêtes; Leurs photos sont assez jaunes; Vos gâteaux sont très romantiques!

C   1   Les pulls? Ce sont les miens!
    2   Les jupes? Ce sont les miennes!
    3   Le jogging? C'est le mien!

89. Comparisons

A Lydie est la plus intelligente. Paul est le moins intelligent.

B *Other examples:* Anna est pire qu'Antoine en français. Anna est la meilleure en dessin.

C
1. Philippe est aussi grand que Sara. = Philippe is as tall as Sara.
2. Les maths sont plus difficiles que la musique. = Maths is more difficult than music.
3. Les bonbons sont moins sains que les fruits. = Sweets are not as healthy as fruit.
4. Une cravate est moins confortable qu'un jogging. = A tie is less comfortable than a tracksuit.
5. La chimie est aussi intéressante que l'anglais. = Chemistry is as interesting as English.

D
1. Les kiwis sont les fruits les plus sains.
2. L'hiver est la saison la plus froide.
3. Londres est la plus grande ville d'Angleterre.
4. Où sont les garçons les moins actifs?
5. Je prends les vêtements les moins longs.
6. J'habite dans la région la moins industrielle.

90. Other adjectives and pronouns

A
1. ce pantalon
2. cet imperméable
3. cette robe
4. ces baskets
5. cet anorak
6. ces sandales
7. ces chaussettes
8. cette jupe

B
1. Je préfère celui à gauche.
2. Je préfère ceux à gauche.
3. Je préfère celle à gauche.
4. Je préfère celles à gauche.

C
1. Quel stylo préfères-tu? Celui-ci ou celui-là?
2. Quelle station balnéaire préfères-tu? Celle-ci ou celle-là?
3. Quelles ceintures préfères-tu? Celles-ci ou celles-là?
4. Quels hôtels préfères-tu? Ceux-ci ou ceux-là?

D
1. Lequel?
2. Laquelle?
3. Lesquelles?
4. Lesquels?

E
1. Quelle cuisine préfères-tu? Celle-ci ou celle-là? Laquelle?
2. Quelles cravates préfères-tu? Celles-ci ou celles-là? Lesquelles?
3. Quel jardin préfères-tu? Celui-ci ou celui-là? Lequel?
4. Quels gants préfères-tu? Ceux-ci ou ceux-là? Lesquels?

91. Adverbs

A
1. doucement
2. naturellement
3. absolument
4. généralement
5. attentivement
6. vraiment
7. lentement
8. gentiment

B Le matin, <u>d'abord</u> je me lève à sept heures, <u>puis d'habitude</u> je prends mon petit déjeuner. <u>Ensuite</u>, je quitte la maison et <u>finalement</u> j'arrive au collège à huit heures et demie. Mais c'est <u>souvent</u> trop tôt. <u>Alors à l'avenir</u> je vais rester au lit plus longtemps.
In the morning, first of all I get up at 7 o'clock then usually I have my breakfast. Then I leave the house and finally I arrive at school at half past eight. But it is often too early. So, in future I am going to stay in bed longer.

C Souvent mes grands-parents viennent avec nous, et d'abord c'est vraiment pratique car ils font régulièrement du baby-sitting. Cependant, de temps en temps, ils se sentent vraiment fatigués et ils ne sont pas toujours confortables. Par conséquent ils ne viendront pas l'année prochaine. À l'avenir, ils viendront seulement s'ils sont absolument en bonne forme!

D
1. D'habitude il fait la vaisselle tout de suite.
2. De temps en temps elle écoute de la musique doucement.
3. Ma valise? Naturellement j'avais laissé mes vêtements dedans.

92. Object pronouns

A
1. We see you.
2. Do you know him?
3. I want to see her.
4. You meet us.
5. She will forget you.
6. I will lose them.

B
1. I am passing my sweets to you.
2. Do not tell him/her the truth.
3. We will give him/her a boat.
4. He is going to send us a present.
5. You will tell them the story.

C
1. Vous comprenez le professeur? Nous le comprenons souvent.
2. Elle aime les sports nautiques? Elle ne les aime pas du tout.
3. Tu vas vendre ton vélo? Oui, je vais le vendre demain.
4. Il veut acheter la maison? Non, il ne veut pas l'acheter.

D
1. Il les cherche.
2. Nous lui envoyons un cadeau.
3. Il leur a donné des bonbons.
4. Tu leur as téléphoné?
5. Elle la dit toujours.

E
1. Elle nous les a offerts.
2. Ne les lui vends pas!
3. Je vais te/vous le passer.
4. Il te/vous les a donnés samedi.

93. More pronouns: *y* and *en*

A
1. Il va y habiter.
2. Elle y a vu ses amis.
3. Vous y jouez?
4. J'y suis arrivé avant les autres.
5. Tu y es allée ce matin?

B
1. J'en fais beaucoup.
2. Elle n'en fait pas.
3. Non, j'en ai trois.
4. Ils en mangent tous les samedis.
5. Il y en a plusieurs.

C
1. J'y vais de temps en temps.
2. J'en mange beaucoup.
3. … je n'en mange jamais …
4. … j'y suis allé …
5. … tu veux y aller …?
6. … mon frère n'en mange pas …

94. Other pronouns

A
1. Le repas que j'ai pris était excellent.
2. C'est Claude qui est le plus beau.
3. Ce sont mes parents qui adorent la viande.
4. Voilà le chapeau qu'il a perdu.
5. Où sont les robes qui sont déchirées?
6. L'église que j'ai visitée était vieille.
7. L'homme qui monte dans le train est gros.
8. Ma copine qui s'appelle Mathilde a seize ans.
9. Quel est le film que tu veux voir?

B
1. The life which you are dreaming about does not exist.
2. The papers which I need are in the drawer.
3. I do not know the illness from which you are suffering.
4. This boy who I was talking to you about has left the school.

C
1. Le repas que nous avons mangé était excellent. = The meal which we ate was excellent.
2. Le stylo dont vous avez besoin est cassé. = The pen that you need is broken.
3. Des bonbons? J'en ai mangé beaucoup. = Sweets? I have eaten lots of them.
4. Le café où je vais le samedi est fermé. = The café where I go on Saturdays is closed.
5. Le cinéma Gaumont? J'y suis allée pour voir *Amélie*. = The Gaumont cinema? I went there to see *Amélie*.

95. Present tense: *-er* verbs

A aimer: j'aime, nous aimons, ils aiment
jouer: je joue, nous jouons, ils jouent
habiter: j'habite, nous habitons, ils habitent
regarder: je regarde, nous regardons, ils regardent
donner: je donne, nous donnons, ils donnent
inviter: j'invite, nous invitons, ils invitent

marcher: je marche, nous marchons, ils marchent
trouver: je trouve, nous trouvons, ils trouvent
voler: je vole, nous volons, ils volent
garder: je garde, nous gardons, ils gardent

B
1	vous gardez	6	vous marchez
2	elle invite	7	tu donnes
3	tu habites	8	elle vole
4	nous trouvons	9	il joue
5	il regarde	10	ils/elles regardent

C *-ger* verbs:
1	ils rangent	3	nous nageons
2	nous plongeons	4	je mange

-yer verbs:
5	tu envoies	7	j'essaie
6	vous payez	8	nous nettoyons

-ler / *-ter* verbs:
1	je m'appelle	3	nous nous rappelons
2	ils jettent	4	elle projette

acheter-type verbs:
5	tu achètes	7	vous vous levez
6	elles préfèrent	8	il gèle

D
1 Ils habitent en France? Do they live in France?
2 Marie range sa chambre? Does Marie tidy her room?
3 Vous préférez les sciences? Do you prefer science?
4 Les sœurs jettent les fruits? Do the sisters throw out the fruit?
5 Mon copain et moi achetons des frites? Are my friend and I buying chips?

96. Present tense: -ir and -re verbs

A choisir = to choose
ralentir = to slow down
réfléchir = to reflect / think about
rougir = to blush
finir = to finish
atterrir = to land
punir = to punish
avertir = to warn

B
	dormir	sortir
je	dors	sors
tu	dors	sors
il/elle	dort	sort
nous	dormons	sortons
vous	dormez	sortez
ils/elles	dorment	sortent

C
1 L'ami choisit un cadeau.
2 Vous courez aux magasins.
3 Nous finissons nos devoirs.
4 Je remplis le verre de vin.

D
	vendre	prendre	dire
je	vends	prends	dis
tu	vends	prends	dis
il/elle	vend	prend	dit
nous	vendons	prenons	disons
vous	vendez	prenez	dites
ils/elles	vendent	prennent	disent

E
1	nous vendons	5	vous buvez
2	ils répondent	6	elle lit
3	je descends	7	j'écris
4	tu prends	8	il comprend

97. Avoir and être

A
1 Elle a un hamster.
2 J'ai les cheveux blonds.
3 Ils ont une grande maison.
4 Il a onze ans.
5 Nous avons un petit gymnase.
6 Vous avez un beau chien.
7 Ma sœur a une jupe rouge.
8 Les filles ont un piercing.
9 Tu as deux guitares.
10 Vous avez une nouvelle maison.

B
1 Ils/Elles ont un chien et trois hamsters.
2 Tu as une sœur?
3 Elle a les cheveux noirs.
4 Nous avons une grande cuisine.
5 J'ai trois enfants.
6 J'ai seize ans.
7 Il a une voiture.

C
1 Je suis français.
2 Nous sommes paresseux.
3 Ma tante est assez petite.
4 Vous êtes sportif mais timide.
5 Mes yeux sont bleus.
6 Tu es célibataire?
7 Les chiens sont mignons.
8 Je suis au chômage.
9 Nous sommes mariés.
10 Il est paresseux.

98. Reflexive verbs

A Je me lève / Tu te laves / Il se brosse les dents / Je m'habille et après / je prends mon petit déjeuner

B Mes parents se réveillent tôt le matin. Je m'appelle Lydie. Le matin, je me réveille à 7 heures et demie mais je ne me lève pas tout de suite. Normalement ma sœur se lève à 8 heures. Nous nous lavons dans la salle de bains et nous nous habillons vite. Après le petit déjeuner, nous nous dépêchons de prendre le bus pour aller au collège. On s'approche du collège et on est très contentes. Vous vous amusez bien à votre collège?

C 2, 1, 4, 3

D
1 je me repose — je me suis reposé(e)
2 elle se douche — elle s'est douchée
3 nous nous amusons — nous nous sommes amusé(e)s
4 elles s'étonnent — elles se sont étonnées
5 vous vous dépêchez — vous vous êtes dépêché(e)(s)

E
1 Je me suis reposée à 8 heures ce matin.
2 Nous nous sommes dépêchés pour aller au match.
3 Ma sœur ne s'est pas douchée hier soir.
4 Mes deux frères se sont bien entendus en vacances.
5 Vous vous êtes couchés tôt samedi, mes amis?
6 Les garçons se sont disputés.

99. Other important verbs

A
	devoir	pouvoir	vouloir	savoir
je	dois	peux	veux	sais
tu	dois	peux	veux	sais
il/elle/on	doit	peut	veut	sait
nous	devons	pouvons	voulons	savons
vous	devez	pouvez	voulez	savez
ils/elles	doivent	peuvent	veulent	savent

B
1 Pouvez-vous aider mon père?
2 Sais-tu nager?
3 Mes parents veulent acheter une nouvelle maison.
4 On doit toujours s'arrêter aux feux rouges.
5 Voulez-vous danser avec moi ce soir?
6 Je sais parler allemand et français.

C
1 nous voulons trouver une chambre avec un balcon
2 tu peux louer un vélo
3 vous devez tout vérifier
4 ils savent faire la cuisine
5 elles peuvent faire un pique-nique
6 vous ne pouvez jamais comprendre les règles
7 je sais préparer le dîner

D *Examples:* On ne doit pas manger en classe. On ne veut pas répondre aux professeurs. On peut dormir en classe. On ne sait pas envoyer des textos.

100. The perfect tense 1

A *Examples:* J'ai vendu la maison. Elle a détesté le bateau. Nous avons fini les devoirs.

B 1 Mme Blanc a invité sa copine au match.
2 Vous avez terminé le repas?
3 Ils ont fumé une cigarette.
4 Il a beaucoup neigé ce matin.
5 Tu n'as pas mangé de légumes?
6 Nous avons choisi un bon restaurant.
7 Elle n'a pas rougi.
8 Ils ont atterri à l'aéroport d'Orly.
9 J'ai rendu visite à ma tante.
10 Nous n'avons pas entendu.

C 1 Nous n'avons pas perdu l'argent.
2 Ils/Elles n'ont pas lavé le bus.
3 Vous n'avez pas attendu les chiens.
4 Je n'ai pas fini le pain.
5 Elle n'a pas vendu le bateau.
6 Il n'a pas détesté les devoirs.

D 1 J'ai mis le pique-nique par terre.
2 Elle a écrit à son frère.
3 Tu n'as rien fait au collège?
4 Il n'a pas lu ma lettre.
5 Nous avons pu acheter une Renault.

E 1 J'ai compris la situation.
2 Il a promis de rentrer vite.
3 Tu as pris un taxi à la gare?
4 Qu'est-ce que tu vas faire?

101. The perfect tense 2

A 1 Elle est tombée.
2 Mes copains sont arrivés trop tard.
3 Les chats sont montés sur le toit.
4 Marie n'est pas descendue vite.
5 Mme Lebrun est allée à la piscine.
6 Vous êtes retournés en France?
7 Je ne suis pas parti tôt.
8 Elles sont mortes l'année dernière.

B 1 Élise est arrivée à 11 heures.
2 Jim est mort il y a 20 ans.
3 Nous sommes entrés dans l'épicerie.
4 Marie n'est rentrée qu'à minuit.
5 Mes stylos ne sont pas tombés.
6 Il est sorti avec sa sœur jumelle.

C 1 elles sont montées très vite
2 je suis arrivé(e)
3 ils ne sont pas tombés
4 elle est morte

D je me suis lavé(e)   tu t'es lavé(e)
il s'est lavé   elle s'est lavée
nous nous sommes lavé(e)s
vous vous êtes lavé(e)(s)
ils se sont lavés   elles se sont lavées

E 1 Ils se sont couchés.
2 Elle s'est ennuyée.
3 Vous vous êtes disputé(e)(s).
4 Je me suis endormi(e).

102. The imperfect tense

A 1 *jouer*   3 perdre
je jouais   je perdais
nous jouions   nous perdions
ils jouaient   ils perdaient

2 *finir*   4 avoir
je finissais   j'avais
nous finissions   nous avions
ils finissaient   ils avaient

5 être   9 faire
j'étais   je faisais
nous étions   nous faisions
ils étaient   ils faisaient

6 boire   10 lire
je buvais   je lisais
nous buvions   nous lisions
ils buvaient   ils lisaient

7 aller   11 savoir
j'allais   je savais
nous allions   nous savions
ils allaient   ils savaient

8 partir   12 prendre
je partais   je prenais
nous partions   nous prenions
ils partaient   ils prenaient

B 1 elle attendait   4 je regardais
2 ils écrivaient   5 elles étaient polies
3 il dormait

C 1 Je jouais avec mon petit frère sur la plage. = I used to play with my little brother on the beach.
2 Nous mangions très souvent ensemble. = We used to eat together very often.
3 Le serveur travaillait dur pour nous. = The waiter used to work hard for us.
4 On vendait beaucoup de glaces. = They used to sell lots of ice-cream.
5 Papa et Marc faisaient du ski nautique. = Papa and Marc used to water ski.
6 Tu étais très content. = You used to be happy.

D J'allais au collège quand j'ai vu l'accident. Il y avait beaucoup de monde. J'ai appelé «au secours!».

103. The future tense

A 1 Il va sortir ce soir. = He is going to go out this evening.
2 Nous allons vendre la maison. = We are going to sell the house.
3 Vous allez comprendre bientôt. = You are going to understand soon.
4 Tu vas partir en vacances. = You are going to go away on holiday.
5 Maman va voir un concert. = Mum is going to see a concert.
6 Les garçons vont arriver en retard. = The boys are going to arrive late.

B 1 Nous allons aller en ville demain.
2 Quand vas-tu partir?
3 Ils vont faire leurs devoirs.
4 Vous allez jouer au tennis?
5 Lydie va faire la cuisine.
6 Ses sœurs vont aider.

C 1 Il lavera sa nouvelle voiture.
2 Tu inviteras ta copine à manger.
3 Nous finirons nos devoirs.
4 Vous attendrez les nouvelles.
5 Elle rendra visite à sa tante.
6 Ils arriveront en France.
7 Elles bavarderont beaucoup.
8 Je choisirai une nouvelle robe.

D 1 ils devront   5 tu auras
2 nous saurons   6 elles viendront
3 je ferai   7 il verra
4 elle sera   8 tu iras

E 1 they will have to   5 you will have
2 we will know   6 they will come
3 I will do   7 he will see
4 she will be   8 you will go

104. The conditional

A

	-er verbs	-ir verbs	-re verbs
	jouer	choisir	vendre
je	jouerais	choisirais	vendrais
tu	jouerais	choisirais	vendrais
il/elle	jouerait	choisirait	vendrait
nous	jouerions	choisirions	vendrions
vous	joueriez	choisiriez	vendriez
ils/elles	joueraient	choisiraient	vendraient

B 1 Ma mère habiterait une belle maison. = My mother would live in a beautiful house.
2 Vous ne travailleriez plus. = You would no longer work.
3 Nous visiterions beaucoup de pays. = We would visit lots of countries.
4 Tu offrirais de l'argent aux autres. = You would give money to others.
5 Ils mettraient de l'argent à la banque. = They would put some money in the bank.
6 Je vendrais ma vieille voiture. = I would sell my old car.

C 1 Je serais très riche.
2 Vous verriez le monde entier.
3 Ils auraient beaucoup d'amis.
4 Elle voudrait épouser son fiancé.

105. The pluperfect tense

A 1 You had already finished your lunch.
2 We had heard the news.
3 They had promised to return before midnight.
4 You had already drunk the whole bottle.
5 She had never read this book.
6 They had already left.
7 She had come on her own.
8 The children had gone to bed early.

B 1 Elle avait fini.   4 Vous étiez partis.
2 Nous avions lu.   5 Tu étais tombé?
3 Elles étaient arrivées.

C 1 c: I had always wanted to go to Bordeaux but my parents decided to go to Alsace.
2 a: He had gone on holiday when we arrived at the house.
3 f: They had left when it started to rain.
4 e: Luckily, we had bought some sandwiches.
5 d: My sister had left early but there was a lot of traffic.
6 g: My parents had rented a flat by the seaside.
7 h: If you had won the lottery, what would you have done?
8 b: I had left my car in the car park.

106. Negatives

A ne … pas = not; ne … jamais = never; ne … plus = no longer, no more; ne … rien = nothing, not anything; ne … personne = nobody, not anybody; ne … aucun = not any, none; ne … que = only; ne … ni … ni = neither … nor; ne … pas encore = not yet

B 1 We like neither geography nor history.
2 I will no longer eat any meat.
3 He never arrived.
4 They found nothing.
5 I am sending no postcards.
6 She only does two hours per month.
7 He will never return to Italy again.

C 1 Nous n'avons aucune idée.
2 Paul n'a que dix euros.
3 Personne n'est venu à ma fête.
4 Ils n'ont rien bu au café.
5 Vous n'achèterez plus de chocolat?

D 1 Nous ne fumerons plus de cigarettes.
2 Elle n'a jamais dit bonjour.
3 Tu ne rencontres que deux amies en ville.
4 Il n'a rien compris.

E 1 Non, ils n'ont jamais acheté de maison.
2 Non, elle n'a pas fait de lecture.
3 Non, elles ne sont jamais venues.

107. The perfect infinitive and present participles

The perfect infinitive

A 1 avoir fait 2 être allé 3 avoir joué 4 avoir fini 5 être arrivé
6 avoir mis 7 avoir voulu 8 être sorti 9 avoir écrit 10 être parti

B 1 D 2 H 3 B 4 E 5 C 6 G 7 F 8 A

C 1 Après être allée en ville, elle a déjeuné.
2 Après avoir mangé, il est allé au ciné.
3 Après être arrivées à la gare, les filles ont acheté leurs billets.
4 Après avoir bavardé avec ses amis, Paul est rentré.

The present participle

A 1 finissant   4 disant   7 prenant   10 venant
2 achetant   5 mangeant   8 voulant
3 allant   6 faisant   9 partant

B 1 écoutant   3 travaillant   5 regardant
2 riant   4 courant

108. The passive and the subjunctive

The passive

A 1 E 2 A 3 F 4 B 5 C 6 D

B 1 Les garçons ont été trouvés par la police.
2 Elle sera blessée si elle ne fait pas attention à la circulation.
3 Les pommes sont lavées par les enfants.
4 Il a été invité à une fête.
5 La maison sera vendue.
6 Le château a été construit il y a cent ans.

The subjunctive

A 1 C 2 E 3 D 4 F 5 A 6 B

B 1 It seems that they are afraid.
2 I want you to come with me.
3 Everyone must come to our house.
4 Although she works well, she is not very talented.
5 I see her every morning before she goes to work.
6 I'm going to do lots of revision so that my parents are proud.

109. Questions

A 1 Est-ce qu'il peut venir lundi?
2 Est-ce que vous avez une carte de la ville?
3 Est-ce que les élèves ont fini leurs devoirs?
4 Est-ce qu'elle veut aller en ville?
5 Est-ce que vous êtes vendeuse?
6 Est-ce que nous arriverons au collège à l'heure?

B 1 C 2 D 3 E 4 B 5 A

C Est-ce que tu vas en ville demain matin?
Est-ce qu'il joue au tennis?
Est-ce qu'elle partira en vacances en juillet?
Est-ce que tu as perdu ta clef?
Est-ce que tu as réservé une chambre?
Est-ce que tu préfères voyager en avion ou en train?
Est-ce que les portables sont utiles?
Est-ce que le chien est mignon?
Est-ce que tu veux aller au cinéma avec moi?
Est-ce que tu sais faire de la voile?

D 1 B 2 H 3 D 4 E 5 A 6 G 7 F 8 C

E *Example questions:* Où habites-tu? À quelle heure est-ce que tu te lèves le matin? Combien de frères est-ce que tu as? Qu'est-ce que tu aimes faire le week-end?

110. Prepositions, conjunctions and intensifiers

A 1 F 2 G 3 H 4 B 5 D 6 C 7 E 8 A

B *Student answers will vary.*

C D'abord, je me suis levée à 7 heures, puis je me suis lavée. Je suis entrée dans la salle de bains située près de ma chambre et j'ai décidé de prendre une douche et de me brosser les dents aussi. Après ma douche, j'ai cherché ma serviette partout, mais je ne l'ai trouvée nulle part. À la fin, j'ai réussi à retrouver mon pyjama parmi mes affaires et je suis rentrée dans ma chambre. *First of all, I got up at 7 o'clock* then I had a wash. I went in to the bathroom situated near my bedroom and I decided to take a shower and brush my teeth as well. After my shower, I looked for my towel everywhere but I couldn't find it anywhere. In the end I managed to find my pyjamas amongst my things and I went back into my bedroom.

D
1	donc	5	mais	9	chez	13	environ
2	ensuite	6	pendant	10	parmi	14	sans
3	aussi	7	avant	11	devant	15	vers
4	partout	8	en face de	12	près de		

Practice tests

111. Practice test: Listening

1 B, E, G
2 (a) useful (b) English (c) goes to library
3 (a) *water* / recycles paper
  (b) by public transport / recycles glass
4 (a) bavard (b) amusant (c) paresseux
5 (a) à la campagne
  (b) quinze jours
  (c) dans une auberge de jeunesse
  (d) sans ses parents
6 (a) B (b) C (c) C (d) A
7 (a) A, E (b) C, E
8 (a) She wants to become a teacher.
  (b) They walked huge distances to get to school.
  (c) Because of the heat.
  (d) Thanks to charitable organisations.
  (e) Only one old computer and electricity often cut off.
9 B, D, E

115. Practice test: Reading

1 (a) Caroline (b) Delphine (c) Barbara (d) Aline
  (e) Caroline
2 (a) C (b) A (c) C
3 (a) près (b) gagner (c) barbant (d) offrir
4 (a) more competitors / people from further afield involved
  (b) three dedicated campsites
  (c) good weather not guaranteed
5 I go to school by bus. Lessons start at 8.30 and in my opinion it's too early. My favourite subject is art as I get on well with the teacher. I don't like maths because they give us lots of homework. Yesterday I took a history exam and it was really difficult. I like school because I have lots of friends and most of the teachers are nice.
6 (a) A (b) C (c) C (d) B
7 C, D, E
8 (a) On va prendre une photo de la classe.
  (b) la photo sera(it) un souvenir / de venir propres et bien coiffés
  (c) Il était venu habillé en martien.
  (d) Gâté
9 The town of Bamako is in the south of Mali. It hardly ever rains there and it's not easy to grow food because of the hot weather. There is a lot of poverty in spite of all the work by charities. Unemployment is a serious problem everywhere and more and more young people are leaving the country to find work.

120. Practice test: Speaking (Foundation)

1 Teacher transcript and sample answers:
  T: Vous êtes dans un restaurant en France avec une amie britannique. Vous parlez au serveur.
  1 T: Je peux vous aider?
    S: Je voudrais une table pour deux personnes s'il vous plaît.
  2 T: Qu'est-ce que vous voulez comme boisson?
    S: Je voudrais un coca et une limonade.
  3 T: Vous avez choisi votre plat principal?
    S: Nous voudrions un steak-frites et une omelette au fromage.
  4 T: Quel est votre dessert favori et pourquoi?
    S: Je préfère les glaces au chocolat car elles sont délicieuses.
  5 T: Il y a autre chose?
    S: Oui, où sont les toilettes?
    T: Les voilà, à gauche.

2 Teacher transcript and sample answers:
  T1: Qu'est-ce qu'il y a sur la photo?
  S: Il y a un étudiant qui travaille dans une bibliothèque, peut-être à l'université. Il écrit dans un cahier et il y a plein de livres autour de lui.
  T2: Quels sont les avantages d'aller à l'université?
  S: Je pense qu'il est important d'aller à l'université car on peut trouver un bon emploi bien payé.
  T3: Comment est-ce que tu fais des recherches au collège?
  S: Je fais des recherches à la bibliothèque où j'utilise les livres et Internet car c'est rapide et pratique.
  T4: Qu'est-ce que tu vas étudier l'année prochaine?
  S: Je vais faire mon bac au lycée en maths, chimie et biologie car je voudrais être pharmacien un jour.
  T5: Que penses-tu des apprentissages? Pourquoi?
  S: À mon avis, faire un apprentissage, c'est important si on veut trouver un emploi manuel ou technique, mais ce n'est pas pour tout le monde.

121. Practice test: Speaking (Higher)

1 Teacher transcript and sample answers:
  T: Tu parles de l'environnement avec ton ami(e) belge.
  T: Qu'est-ce que tu fais pour protéger l'environnement?
  S: Je recycle les journaux et j'économise l'eau.
  T: Est-ce que les espaces verts sont importants ? Pourquoi ou pourquoi pas?
  S: Oui, ils sont importants pour empêcher trop de pollution.
  T: Que penses-tu du recyclage dans ta région?
  S: Il n'y a pas assez de centres de recyclage. C'est triste.
  T: D'accord. Comment sont les transports en commun dans ta région?
  S: Les bus ne sont pas assez fréquents.
  T: C'est vrai.
  S: Quelles sont les solutions possibles?
  T: Je ne sais pas.

2 Teacher transcript and sample answers:
  T1: Qu'est-ce qu'il y a sur la photo?
  S: C'est la place du marché dans une ville en France. Les bâtiments sont anciens et il y a plein de cafés. C'est très animé.
  T2: Est-ce que le tourisme est important? Pourquoi ou pourquoi pas?

S: Je pense qu'il est vraiment important de visiter d'autres pays et d'autres régions car on peut découvrir des cultures différentes et des plats différents aussi. Par exemple, l'année dernière je suis allé en Chine et j'ai essayé la cuisine chinoise, ce qui m'a beaucoup plu.

T3: Quels sont les changements récents dans ta ville ou dans ton village?

S: Autrefois ma ville était moins grande mais on a commencé à fabriquer des chaises et la population a augmenté. Maintenant il y a plus d'industries, et plus de magasins!

T4: Où voudrais-tu habiter à l'avenir? Pourquoi?

S: J'aimerais habiter en Espagne car il y fait plus chaud qu'en Angleterre et il y a plein de choses à faire et à visiter. Je rêve d'habiter dans une grande maison au bord de la mer où je pourrais me faire bronzer et faire des sports nautiques tous les jours.

T5: Que penses-tu des activités pour les jeunes dans ta région?

S: Selon moi, il n'y a pas assez d'activités pour les jeunes, surtout dans les petites villes. De plus, la plupart des activités coûtent cher et il est difficile de trouver beaucoup de choses à faire le soir.

122. Practice test: Writing (Foundation)

Sample answers:

1 1 Il y a un orchestre.
   2 On fait un concert de musique.
   3 Les rideaux sont rouges.
   4 Je vois des musiciens.

2 Je suis en vacances au bord de la mer en Espagne. Il fait du soleil tous les jours et j'aime ça. Je loge dans un petit hôtel confortable avec une piscine en plein air. Je nage, je joue au foot et je lis des magazines.

3 Ma fête favorite c'est certainement Noël, car tout le monde est content et on donne et reçoit des cadeaux. Pour mon dernier anniversaire je suis allé au ciné avec quelques copains et on a vu un film comique. Selon moi, il est important de célébrer toutes les fêtes traditionnelles parce qu'on doit respecter les traditions. Cette année je vais fêter le Nouvel An en Écosse avec toute ma famille. Nous allons passer une semaine là-bas et j'attends la visite avec impatience.

4 (a) Je n'aime pas mon collège.
   (b) Il y a beaucoup de salles de classe.
   (c) Il y a cinq cours par jour.
   (d) D'habitude, à la récré, je bavarde avec mes amis dans la cantine.
   (e) L'année dernière, j'ai joué au foot pour l'équipe du collège. C'était génial.

124. Practice test: Writing (Higher)

Sample answers:

1 Ma ville est assez petite mais il y a plein de choses à faire ici, surtout pour les jeunes. Par exemple on peut aller au ciné et il y a aussi un centre sportif. Ma maison est confortable et assez grande mais il n'y a pas de jardin, ce qui m'embête beaucoup. La semaine dernière, je suis allé en ville avec mes copains et nous avons pris un repas délicieux dans un petit restaurant avant de faire les magasins ensemble. À l'avenir, je voudrais habiter à Londres car j'adore les grandes villes animées.

2 À mon avis, il est essentiel de passer au moins deux semaines en vacances pendant l'été parce qu'il faut se détendre après avoir travaillé dur pendant le reste de l'année. De plus, on doit pouvoir oublier le stress quotidien et les problèmes de la vie de tous les jours. Si on voyage à l'étranger, on peut faire l'expérience d'une culture différente et essayer la cuisine de la région.

   L'année dernière, j'ai passé des vacances formidables en Italie. Je suis allé à Rome avec ma famille et on a logé dans un petit hôtel confortable. On a tout visité et j'ai surtout aimé les monuments historiques et, naturellement, les plats de la région. On a choisi d'y aller car mon père adore l'histoire et il voulait explorer le Colisée. Je voudrais bien y retourner car les vacances là-bas étaient exceptionnelles.

3 Mon ami, Marc, habite une grande maison à Rennes, dans l'ouest de la France. Il adore y habiter parce qu'il y a beaucoup de choses à faire pour les jeunes. Il habitait dans l'est dans un petit village de campagne mais il a déménagé il y a deux ans. À l'avenir il aimerait habiter à l'étranger, peut-être en Angleterre car il a plusieurs copains là-bas.

Published by Pearson Education Limited, 80 Strand, London, WC2R 0RL.

www.pearsonschoolsandfecolleges.co.uk

Text and illustrations © Pearson Education Limited 2017
Typeset and illustrated by Kamae Design, Oxford
Produced by Out of House Publishing
Cover illustration by Miriam Sturdee

The right of Stuart Glover to be identified as author of this work has been asserted by him in accordance with the Copyright, Designs and Patents Act 1988.

First published 2017

20 19 18
10 9 8 7 6 5 4

British Library Cataloguing in Publication Data
A catalogue record for this book is available from the British Library

ISBN 9781292131351

Printed in Slovakia by Neografia.

Acknowledgements
Content written by Suzanne Hinton, Martin Bradley and Janet Calderbank is included.

The publisher would like to thank the following for their kind permission to reproduce their photographs:

123RF.com: Cathy Yeulet 12, limonzest 30, Nikolay Denisov 122, William Perugini 46; **Alamy Stock Photo:** Martin Bond 121, PhotoAlto 65, Robert Hoetink 57, Wavebreak Media ltd 26; **Fotolia.com:** Andres Rodriguez 82, BillionPhotos.com 6, Gennadiy Poznyakov 9, kegfire 76, LuckyImages 77, Michel Borges 50, oneinchpunch 4, Rido 20, vectorfusionart 52; **Getty Images:** Hemera Technologies 21, RAYES 15, svetikd 64; **Shutterstock.com:** abadesign 48, Beth Swanson 7, Michal Staniewski 59, Monkey Business Images 42, Riccardo Mayer 60, Wavebreak Premium 78, wavebreakmedia 55, 120

All other images © Pearson Education

Note from the publisher
Pearson has robust editorial processes, including answer and fact checks, to ensure the accuracy of the content in this publication, and every effort is made to ensure this publication is free of errors. We are, however, only human, and occasionally errors do occur. Pearson is not liable for any misunderstandings that arise as a result of errors in this publication, but it is our priority to ensure that the content is accurate. If you spot an error, please do contact us at resourcescorrections@pearson.com so we can make sure it is corrected.